Wracks im Mittelmeer

Tauchführer

Jahr Verlag Hamburg

Seite 1: Die Silhouette der 1976 vor Giannutri gesunkenen Fähre Nasim II bildet gegen die Meeresoberfläche einen starken Kontrast.
Foto von Roberto Rinaldi

Inhalt

Texte und Fotos
Kurt Amsler
Andrea Ghisotti
Roberto Rinaldi
Egidio Trainito

Herausgeber
Valeria Manferto De Fabianis
Laura Accomazzo

Technische Beratung
Fabio Bourbon

Grafik
Patrizia Balocco Lovisetti

Illustrationen
Cristina Franco

Übersetzung
Dr. Derek Vinyard

Satz
Partner Satz GmbH, Hamburg

Druck
Grafedit, Azzano San Paolo (Bergamo)

Der Herausgeber dankt Gianni Berruti, Patrick Mouton, Lun Vanrell und Ruud Vroege für ihre wertvolle Unterstützung.

Die farbigen Abbildungen der Wracks haben nur hinweisenden Charakter. Zugunsten größerer Übersichtlichkeit wurden möglicherweise verwirrende Einzelheiten, wie Fischernetze, Kabel, Falleinen etc., fortgelassen.

Via Candido Sassone, 24
13100 Vercelli, Italia

Jahr-Verlag GmbH & Co.
Jessenstraße 1, 22767 Hamburg
Tel. (0 40) 38 90 6-0, Telefax (0 40) 38 90 6-302

ISBN 3-86132-160-2

Die Deutsche Bibliothek – CIP-Einheitsaufnahme
Wracks im Mittelmeer : Tauchführer / Kurt Amsler ; Andrea Ghisotti. [Übers.: Derek Vinyard]. – Hamburg : Jahr, 1995
Einheitssacht.: Diving guide to the Mediterranean wrecks <dt.>
ISBN 3-86132-160-2
NE: Amsler, Kurt; Ghisotti, Andrea; Vinyard Dr., Derek [Übers.]; EST

EINFÜHRUNG UND HINTERGRÜNDE

von Andrea Ghisotti

An mein erstes Wrack erinnere ich mich, als wäre es gestern gewesen – vor allem an die Aufregung, die ich in den folgenden Jahren immer wieder empfand. Ich war gerade 16 Jahre alt, besaß noch kein eigenes Atemgerät und mußte mir, wenn ich tauchen wollte, die Flaschen eines Freundes ausleihen. Nur wenige Monate vorher war die Mohawk Deer, ein großer kanadischer Tanker, bei Portofino gesunken. Ein gewaltiger Sturm hatte das Schiff in Stücke zerrissen. Das abgebrochene Heck lag nur wenige Meter tief, und ich hatte es bereits sorgfältig erkundet: Nach unzähligen Tauchgängen ohne Atemflaschen kannte ich die Lage sämtlicher Platten. Nun wollte ich den Bug finden. Er sollte sich eigentlich in der Nähe befinden, aber ich hatte ihn noch nicht entdeckt. Nachdem ich die Küste der Länge nach abgetaucht hatte, konzentrierte ich mich schließlich auf die tieferen Gewässer der breiten Bucht. Trotz meiner Jugend tauchte ich recht gut. Zuerst pflegte ich zu hyperventilieren, tauchte dann mit dem Kopf voran und schwamm den flachen, geröllbedeckten Meeresboden in einer Tiefe von etwa 30 Metern ab. Schon hatte ich mich zum Auftauchen bereitgemacht, da blieb mir fast das Herz stehen: Nur wenige Meter entfernt tauchte aus dem schmutziggrünen Halbdämmerlicht die riesige, bedrohliche Seite eines Schiffes auf, dessen Bullaugen und Brückenfenster mich wie die leeren Augenhöhlen eines monströsen Schädels anstarrten!

Für einige Zeit danach hatte ich jedes Interesse an diesem besonderen Wrack verloren. Nachdem nun viele Jahre vergangen sind, kann ich auf diese irrationale Furcht mit einem Lächeln zurückblicken. Inzwischen habe ich dieses Wrack dutzendmale besucht, am Tage und in der Nacht, in Begleitung und auch allein. Jedenfalls zeigt diese Erfahrung, welche enorme emotionale Anspannung durch den Anblick eines großen, versunkenen Schiffes ausgelöst werden kann. Es ist eine unterbewußte Furcht, die in unseren kindlichen Phantasien über sagenhafte Schiffswracks und Abenteuer wurzeln. Phantasien, die sich aus gelesenen oder erzählten Geschichten entwickelt haben. Ich weiß natürlich, daß die Gefühle, die man zu einem Wrack haben kann, ganz unter-

A

B

A - Ein Taucher erkundet das Wrack des Landefahrzeugs, das im April 1911 in den Gewässern vor Sestri Levante (an der Ligurischen Küste) versank. Ein Torpedo von einem alliierten Unterseeboot hatte das Schiff getroffen.
Foto von Andrea Ghisotti

B - Der Bug der Mohawk Deer, eines Tankers, der am 5. November 1967 unweit von Portofino (Ligurien) sank. Er liegt unversehrt in 23 Meter Tiefe. Seine höchsten Teile ragen bis zu 16 Metern unter der Oberfläche auf.
Foto von Andrea Ghisotti

C - Das aufrecht auf dem Meeresgrund stehende Unterseeboot Rubis bietet ein faszinierendes Ziel für Taucher, die die Gewässer vor Kap Camarat an der Côte d'Azur erkunden möchten. Hier sehen Sie den offenen Laderaum, der zum Betreten einzuladen scheint. In Wirklichkeit ist der Durchgang sehr eng, und Sie wären schlecht beraten, dort eindringen zu wollen.
Foto von Kurt Amsler

A

B

A - Auf diesem Foto sieht man nur eines der Maschinengewehre, die auf dem im Februar 1943 gesunkenen Landefahrzeug montiert waren. Ein starker Mistral hatte die Verankerung losgerissen und das Schiff gegen die Felsen von Punta Pasa, nahe der Insel Ponza, geworfen.
Foto von Roberto Rinaldi

B - Der Rumpf dieser Junkers 88 zeigt deutliche Korrosionsspuren durch Salzwasser. Er liegt vor der Insel Le Frioul in einer Tiefe von etwa 53 Metern.
Foto von Kurt Amsler

schiedlich ausfallen. Für einige ist ein versunkenes Schiff nichts weiter als eine leblose, rostende Hülle. Für andere dagegen kann es etwas Magisches und Mysteriöses sein, etwas, was vor langer Zeit verschwand und nun wieder lebendig wurde. Ein Tauchgang zum Meeresboden, wo ein neues Wrack darauf wartet, entdeckt und erforscht zu werden, ist wie eine Reise durch Zeit und Raum, die uns um Jahre zurückversetzt.

Dieses Buch ist allen jenen gewidmet, die ein Faible für Wracks haben und die sich von ihnen faszinieren lassen. Es enthält 32 Berichte über Wracks, die auf dem Grund des Mittelmeers liegen - Schiffe und Flugzeuge aus den letzten beiden Jahrhunderten. Ein Buch also über die jüngere Vergangenheit, weshalb jeder, der die klassischen Illustrationen einer romantischen spanischen Galeone vor Augen hat, die Gold und kostbare Steine an Bord hatte, vermutlich enttäuscht sein wird. Ebensowenig kommen diejenigen Leser auf ihre Kosten, die an antiken Stücken interessiert sind, etwa an den griechischen und römischen Rudergaleeren mit ihren Amphorenladungen. Ohnehin gehören diese zur reinen Archäologie und sind damit für private Taucher tabu.

Ehrlich gesagt sind die „modernen" Wracks, also jene des 19. und 20. Jahrhunderts, für den Taucher am interessantesten. Von den Holzschiffen der früheren Jahrhunderte ist ja praktisch nichts übriggeblieben, von Spuren der Planken, einer vereinzelten Kanone, einem Anker und verschiedenen Ausrüstungsgegenständen einmal abgesehen. Niemals aber findet man einen kompletten Rumpf. Dagegen sind Stahl und - bei Flugzeugen - Aluminium sehr widerstandsfähige Materialien, so daß sich die Form trotz der einsetzenden Korrosion über viele Jahre praktisch nicht verändert. Dadurch entstand ein neuer Zweig der Archäologie, der sich mit modernen Relikten beschäftigt, aber keineswegs weniger spannend ist als derjenige, der sich mit früheren Zeiten auseinandersetzt.

Viele Wracks, die auf der ganzen Welt verstreut sind, warten auf dem Meeresgrund darauf, daß man sie entdeckt, identifiziert und ihre Geschichte erzählt. Es ist ein außerordentlich befriedigendes Hobby, ein untergegangenes Wrack zu erkunden und dann stundenlang in Archiven oder Bibliotheken zu sitzen, um Ereignisse, Daten und Namen, die nur selten in Übereinstimmung zu bringen sind, möglichst vollständig zu rekonstruieren. Man muß nicht unbedingt neue Wracks erforschen und jedesmal ganz von vorn beginnen. Alle in diesem Führer beschriebenen Wracks können vom Leser mit zahllosen Einzelheiten „wiederentdeckt" werden. Je tiefer man in diesen Bereich der modernen Archäologie eindringt, desto besser lernt man, die Baumerkmale von Schiffen und Flugzeugen zu erkennen, Baureihen und Typen zu bestimmen, und schrittweise beginnt man, auch die Funktionen vieler Ausrüstungs- und Zubehörteile zu verstehen. So weiß man nach einigen Tauchgängen, daß es sich bei jenem merkwürdigen Gegenstand, der wie eine flache Schachtel aussieht, um die Kartusche einer Flugabwehrgranate handelt, oder daß ein unscheinbares Loch eigentlich ein Lüftungsschacht ist. Mehr als Hälfte der in diesem Band beschriebenen 32 Wracks sank während des Ersten oder Zweiten Weltkriegs. Historisch

Interessierte wollen natürlich herausfinden, warum so viele Wracks in bestimmten Gebieten vorkommen, die möglicherweise alle in denselben geschichtlichen Zusammenhang gehören. Das Aussehen bestimmter Schiffe, wie der berühmten deutschen Bettolinen oder Lastkähne oder das Landefahrzeug bei Ponza, könnte etwa für ein bestimmtes Gebiet repräsentativ sein. Nicht weniger faszinierend ist es, die Entwicklungsgeschichte des Schiffsbaues zu verfolgen, die uns erlaubt, Wracks mit einer gewissen Genauigkeit zu datieren. So besaßen etwa die Schiffe des späten 19. und frühen 20. Jahrhunderts einen senkrechten Bug. Der stärker geneigte Bug kam erst in späteren Jahren auf. In ähnlicher Weise entwickelten sich auch Propeller, Steuerruder, Geräte des Maschinenraums, Heizkessel, Schornsteine und Aufbauten. Ein Taucher, der Wracks erkunden will, muß vor allem beobachten können. So erhält man bei einem freien Tauchgang einige Meter oberhalb eines Wracks bei weitem mehr Informationen, als wenn man übereilt ins Innere vordringt. Viele Taucher besuchen dasselbe Wrack jahrelang, ohne sagen zu können, ob sich die Anker noch an Ort und Stelle befinden oder nicht. Man sollte sich besser jede Einzelheit einprägen und gleich nach dem Auftauchen eine Rohskizze des Wracks anfertigen und dabei überrascht feststellen, wieviele Informationen noch fehlen und während der nächsten Tauchgänge umso genauer beobachten. Am besten nähert man sich einem solchen Objekt, indem man unvoreingenommen Nachforschungen anstellt. Leider gibt es immer noch Taucher, die Wracks als Eroberungsobjekte betrachten, sie beschädigen und ausplündern.

Es bleibt sehr zu hoffen, daß sich die Gesinnung dieser Vandalen rasch ändert, so daß dieses unermeßliche, phantastische Erbe zukünftigen Generationen erhalten bleibt.

C

C - Häufig werden Wracks zu Forschungsobjekten, und zwar nicht nur aus historischer Sicht. Schon bald nach ihrem Untergang werden sie von einer unglaublichen Vielfalt von Meeresorganismen besiedelt, und zahlreiche Fische beziehen zwischen diesen „künstlichen Felsen" ihre Wohnung. Diese Aufnahme zeigt die Santa Lucia, einen Postdampfer, der am 10. Juli 1943 unterging.
Foto von Roberto Rinaldi

D - Einige Teile der Sagona sind von zahlreichen bunten Gorgonien bewachsen. Dieser Frachter versank vor der Insel Porquerolles am 3. Dezember 1945.
Foto von Kurt Amsler

E - Die amerikanische Wildcat war ein Kampfflieger des Zweiten Weltkriegs, der von einem Flugzeugträger aus operierte. Dieses Exemplar mit britischen Hoheitszeichen liegt 53 Meter tief vor Formigue du Lavandou.
Foto von Kurt Amsler

D

E

A

B

A - Zur Ortung der Wracks wird häufig Sonar eingesetzt. Hier sehen Sie den Apparat, der das Wrack der Togo ortete.
Foto von Kurt Amsler

B - Dieses Bild des Landefahrzeugs von Orosei entstand mit Hilfe eines EG & G 260 Side-Scan-Sonars. Bei der Abtastung richtete man das Sonar etwa 20 Meter tief auf eine Seite des Wracks. Der dunkle Schatten wird vom Sonar nicht erfaßt.
Scan von Paolo Orrù

C - Die verbogenen Propellerflügel der B-17, die in den Gewässern vor Calvi notwasserte und heute 25 Meter tief liegt.
Foto von Andrea Ghisotti

Wer in tropischen Gewässern taucht, überläßt in der Regel die Organisation der Tauchgänge, des Bootes und sämtlicher Unterwasser-Aktivitäten, einschließlich der Ortung der Tauchstellen, grundsätzlich den örtlichen Tauchzentren oder der Mannschaft des Urlaubs-Charterbootes. In diesem Fall sind also genauere Kenntnisse über Örtlichkeiten, Seekarten, Ausrüstung und Techniken zur Wracksuche nicht erforderlich. Häufig weiß der Taucher dabei nicht einmal genau, wo sich das Objekt der Begierde befindet. Ganz anders sieht es im Mittelmeerraum aus, wo, wenigstens in Italien, erst in letzter Zeit Tauchzentren eingerichtet wurden, die zudem keineswegs die ganze Küste abdecken. Hinzu kommt, daß einheimische Taucher häufig eigene Boote besitzen, etwa ein Schlauchboot oder ein größeres Fahrzeug. Sie müssen also die Tauchstellen selbst orten und jeden Schritt des Tauchgangs selbst organisieren. Dazu gehört auch das Festmachen des Bootes, das Sie am Ende des Tauchganges auch wiederfinden müssen. Angesichts dieser Verhältnisse kommen Sie um besondere Kenntnisse nicht herum. Sie müssen sich nicht nur mit den Tauchtechniken, sondern auch mit der Navigation auskennen, müssen Seekarten lesen können und mit dem Gebrauch von Echoloten und elektronischer Ausrüstung vertraut sein. Nützlich ist auch eine gesunde Prise seemännischen Könnens.

Die Suche nach einem Wrack beginnt häufig auf einer Seekarte, auf der versunkene Schiffe mit einem besonderen Symbol vermerkt sind: einem waagerechten Strich, der von drei kürzeren, senkrechten Strichen gekreuzt wird. Auf italienischen Karten ist dieses Symbol von einer gepunkteten Linie umgeben, wenn das Wrack weniger als 18 Meter tief liegt. Es gibt drei grundsätzliche Verfahren, um diesen Punkt im offenen Meer zu orten. Erstens kann man sich die geographischen Positionskoordinaten notieren, die anschließend mit Hilfe eines Loran- oder GPS-Systems wiedergefunden werden. Das zweite Verfahren berechnet Kompaßpeilungen von Linien, die die Position des Wracks mit Landmarken verbinden, etwa mit einem Leuchtturm, einem Kirchturm oder dem Punkt eines Küstenvorsprungs. Die Winkel zwischen diesen Peilungen sollten weit genug sein, vorzugsweise um 90 Grad. Das dritte Verfahren ist dem vorigen ähnlich. Anstatt jedoch Peilungen zu messen, identifiziert man gerade Linien auf der Karte, die, vom Wrack ausgehend, zwischen zwei Landmarken hindurch verlaufen, etwa zwischen einem Leuchtturm und einem Gebäude, einem Turm und einem Berggipfel, und so weiter. Sobald Sie diese Werte haben, kann die Suche nach dem Wrack weitergehen. Obwohl keine der aufgezeigten Möglichkeiten die genaue Ortung des Wracks garantiert, umreißen sie immerhin ein Gebiet, innerhalb dessen es liegen sollte. Es ist daher von Vorteil, über eine geeignete Ausrüstung zu verfügen, mit der Sie die Suche im Meer fortsetzen können. Bei den meisten modernen Systemen verwendet man spezielle elektronische Instrumente, beispielsweise Loran- oder GPS-Systeme, die Triangulationen mit terrestrischen (Loran) oder Satellitensendern (GPS) erlauben. Gerade das letztere System wäre wesentlich genauer als das erste und auch in geringerem Maße Abweichungen unterworfen, würde man die Satellitensignale aus militärischen Gründen nicht absichtlich verfälschen. So kommen Fehler des Empfängers zu jenen hinzu, die auf dem relativ groben Maßstab der Seekarten beruhen, wodurch die Lage der Wracks nur ungenau angegeben wird. Insgesamt summieren sich diese Fehler zu einer Ungenauigkeit, die zwischen ein paar Dutzend und vielen hundert Metern liegen kann. Es mag in diesem Zusammenhang effektiver sein, auf billigere Systeme mit Kompaßpeilung und Ausrichtung zurückzugreifen. Bei beiden Methoden richten Sie sich durch Kompaßpeilung oder Landmarken an einer der auf der Karte eingezeichneten Linien aus und fahren an dieser entlang, bis sie sich mit der zweiten schneidet. Das wichtigste Instrument zur genaueren Durchforstung des Suchgebietes ist das Echolot. Es sind viele verschiedene Typen auf dem Markt, und bei den meisten haben elektronische Digitalanzeigen die alten mechanischen Systeme verdrängt.

Die Suche beginnt mit der Identifizierung des auf der Seekarte verzeichneten Punktes. Sie sollten sofort eine Wurfleine und eine Markierungsboje aussetzen, deren Gewicht gerade soviel Leine läßt, daß die Boje über dem gewünschten Punkt senkrecht verankert bleibt. Anschließend können Sie das Umfeld dieser Boje rasch mit dem Echolot durchforsten und gegebenenfalls den Radius des Suchgebiets erweitern. Häufig werden Sie ein großes Gebiet mit vier weiteren Bojen markieren müssen, das Sie dann in parallelen Bahnen langsam durchkämmen, bis das ganze Gebiet abgefahren ist. Sie brauchen Geduld und viel Zeit, aber die Freude, ein Wrack aus eigener Kraft gefunden zu haben, entschädigt allemal für den Zeitaufwand und die monotone Suche mit dem Echolot. Wenn das Wrack in flacherem Wasser liegt, können Sie auf eine traditionelle Suchtechnik zurückgreifen: Ein Holzbrett wird an einem mehrere Dutzend Meter langen Seil langsam hinter einem Boot hergezogen, und man mißt dabei die Tiefenveränderungen. Dies funktioniert gut in Tiefen von 30 bis 35 Metern in leidlich klarem Wasser. Die Suche endet mit dem Aussetzen einer Markierungsboje, mit Hilfe derer man die Lage des Wracks im Auge behalten kann.

C

D

D - Sogar im Sommer ist das Wasser des Mittelmeers kalt. Sie sollten daher wärmende Unterwäsche, einen guten Naßtauchanzug, dicke Strümpfe und Handschuhe tragen. Dieser Taucher erkundet gerade das Landungsfahrzeug von Orosei, das 1943 einem Torpedo des Unterseeboots Safari zum Opfer gefallen war.
Foto von Egidio Trainito

E

E - Ein Taucher betrachtet einen Reifen am Fahrgestell der Canadair, die am 3. September 1944 in den Golf von Sagone stürzte. Bei der Erkundung von Wracks sollte man immer eine gute Lampe dabeihaben.
Foto von Andrea Ghisotti

Meistens ist es schwieriger, ein im Mittelmeer versunkenes Wrack zu erforschen als einen ähnlichen Tauchgang in tropischen Gewässern zu unternehmen. Das Wrack liegt normalerweise tiefer, das Wasser ist viel kälter, und vor allem kann der schlammige Meeresboden die Sicht behindern. Es empfiehlt sich also, an einem geeigneten Wracktaucherkurs teilzunehmen. Der Unterschied, ob man nur zu einem küstennahen Wrack hinabtaucht oder zu einem, das weiter draußen auf einem mehr oder weniger ebenen Schlamm- oder Sandboden ruht, ist erheblich. Im ersten Fall gelangt man zumeist von der Küste oder vom Flachwasser her ins Wasser. Der einzige Unterschied besteht in den besonderen Verfahren zur Ortung des Wracks. Der Tauchgang auf hoher See ist etwas ganz anderes. Er beginnt und endet jeweils mit einer langen Schwimmstrecke im Wasser ohne sichtbare Bezugspunkte, und der Taucher ist den Strömungen des Gebiets und allen damit verbundenen Gefahren ausgesetzt. Auch die Art des Tauchgangs unterscheidet sich erheblich. Im Mittelmeer erfolgt er klassischerweise in mehreren Tiefen, wobei anfangs größere Tiefen aufgesucht werden und der Aufstieg später allmählich erfolgt.

Jeder richtig durchgeführte Abstieg beginnt mit der Inspektion der Ausrüstung und einer sorgfältigen Planung. Es müssen zwei Flaschenventile vorhanden sein, die vorzugsweise unabhängig voneinander arbeiten und mit zwei getrennten Druckminderern verbunden sind. Dadurch läßt sich jedes durch einen defekten O-Ring entstandene Luftleck isolieren, indem einfach das entsprechende Ventil geschlossen wird. Ideal ist der DIN-Ventilanschluß, der diese Art von Unfällen verhindert und auch von Höhlenforschern verwendet wird. Die Flaschenventile müssen regelmäßig überholt werden, und eine perfekt passende Begurtung verhindert, daß der Taucher an Wrackteilen hängenbleibt. Ihr Auftriebskompensator (BC) sollte so dimensioniert sein, daß er die Kompression Ihres Naßtauchanzugs in größeren Tiefen kompensieren und in Notfällen einen brauchbaren Auftrieb erzeugen kann. Ohne ein gutes Messer geht es nicht. Es muß nicht lang, wohl aber sehr scharf sein, weil es Seile, Stränge und Fischernetze durchtrennen muß, in die häufig die Wracks eingehüllt sind. Manchmal empfiehlt es sich, in der Tasche des BC ein Ersatzmesser mitzuführen, falls das erste verlorengehen sollte. Wol-

A

B

C

D

A - Eine Gruppe von Tauchern nähert sich der Sagona, einem Frachter, der am 3. Dezember 1945 vor Porquerolles mit einer Mine kollidierte und sank. Um Schäden zu vermeiden, sollten Sie niemals direkt über einem Wrack ankern.
Foto von Kurt Amsler

B - Die Romagna, ein alter Tanker, wurde am 2. August 1943 von einer Mine im Golf von Caligliari versenkt. Ein Seil erleichtert den Abstieg.
Foto von Kurt Amsler

C - Im Schein der Lampe können Sie die Farben der Organismen bewundern, die die Rubis bewachsen haben.
Foto von Kurt Amsler

len Sie auch die dunkleren Bereiche erforschen, brauchen Sie eine starke Taschenlampe oder ein Blitzlicht, und sollten Sie sich entschließen, in das Innere eines Wracks vorzudringen, auch eine Ersatzlampe. Zur Erkundung unzugänglicherer Abschnitte kann in bestimmten Fällen ein langer Ariadne-Faden hilfreich sein, den man beim Vordringen von einer Spule ablaufen läßt. Schließlich sollte man nicht vergessen, daß die Gewässer des Mittelmeers ab einer bestimmten Tiefe auch im Sommer kalt sind - die Temperaturen liegen zwischen 15 und 18 Grad Celsius. Es ist also eine entsprechende Wärmeisolierung anzuraten.

Wir wollen nun die Techniken betrachten, die beim Abstieg und der Erkundung eines Wracks von Bedeutung sind, das in größerer Tiefe auf schlammigem Grund liegt. Dies sind die schwierigsten und anspruchsvollsten Tauchgänge. Niemals sollten Sie unmittelbar über dem Wrack Anker werfen, da dieser das Wrack beschädigen und darin hängenbleiben könnte. Es bleiben also zwei Möglichkeiten: Entweder folgt das Begleitboot Ihren Luftblasen, ohne Anker zu werfen, oder, wenn man ohne Hilfe von der Oberfläche arbeitet, wirft man den Anker zu einer Seite des Wracks aus. In beiden Fällen sollten Sie entlang einer Wurfleine tauchen, die an einer über dem Zentrum des Wracks abgeworfenen Markierungsboje befestigt ist. Der Abstieg sollte rasch, aber nicht so schnell erfolgen, daß man einen Tiefenrausch riskiert. Sobald das Wrack in Sicht kommt, sollten Sie langsamer werden und den BC aufblasen, so daß Sie einen neutralen Auftrieb erreichen, ehe Sie das Schiff berühren. Am besten schwimmt man zu Beginn der Entdeckungsarbeit im offenen Wasser über das Wrack hinweg, um einen Eindruck von seiner Form zu gewinnen. Dies wird Ihnen die Orientierung erleichtern, sobald Sie die Einzelheiten näher untersuchen. Erst nach dieser ersten Orientierung sollten Sie zum Wrack hinabtauchen und dabei stets vermeiden, das Sediment mit den Flossen aufzuwirbeln. Machen Sie ausführlich Gebrauch von Ihrem BC. Bedenken Sie, daß auch der Aufstieg entlang derselben Wurfleine erfolgen muß und daß jeder Erkundungstauchgang nicht nur den Abstieg, sondern auch einen Aufstieg umfaßt. Man sollte also vom Luftvorrat etwa ein Drittel für den Hinweg, ein Drittel für den Rückweg und das letzte Drittel für den Aufstieg, eventuelle Dekompressionspausen und für Notfälle einplanen. In jedem Fall empfiehlt es sich als Vorsichtsmaßnahme, eine Ersatzluftflasche in geeigneter Tiefe unter dem Begleitboot hinabzulassen.

E

F

G

D - Um das Beste aus einem Tauchgang zu einem Wrack herauszuholen, sollten Sie es zunächst im offenen Wasser überschwimmen, um sich eine Vorstellung von der Lage zu machen.
Foto von Kurt Amsler

E - Ein Fotograf beleuchtet einen Ausschnitt der Liban. Dieser Dampfer sank am 7. Juni 1903 vor Marseille.
Foto von Kurt Amsler

F - Hier ist ein Taucher in die Chauen eingedrungen, einen marokkanischen Frachter, der am 21. Februar 1970 vor Le Planier unterging.
Foto von Kurt Amsler

G - Die Genova, ein Dampfer, der am 27. Juli 1917 vor Punta Portofino versank. Mit Netzen überzogene Wracks dürfen Sie nur mit größter Vorsicht besuchen.
Foto von Andrea Ghisotti

Ein neues Wrack erfreut nicht nur den Taucher, sondern auch zahlreiche Lebensformen, die diese Struktur zu ihrem Vorteil besiedeln, zumal Unterkünfte immer knapp sind. Zu den ersten sessilen Organismen, die sich auf der neuen Unterlage niederlassen, gehören Algen - insbesondere in Tiefen von wenigen Metern, wo das Sonnenlicht die Photosynthese noch ermöglicht. In nur wenigen Wochen beginnen auch Bryozoen, Anneliden und Mollusken, das Wrack zu besiedeln und wachsen rasch heran. Am dichtesten sind immer jene Bereiche bewachsen, an denen Strömungen vorbeiführen. Hier können sich etwa Coelenteraten die von den Wassermassen herantransportierten Nährstoffe einverleiben. In nur wenigen Metern Tiefe wird die Wrackoberfläche von Gelben und Weißen Gorgonien (Eunicella cavollinii und E. singularis) bedeckt, während in größeren Tiefen auch die rote Paramuricea clavata vorkommt. Einige Organismen meiden das Licht und ziehen geschützte Stellen vor, etwa die Decken der Kabinen oder die untere Rumpfseite. In diesen Bereichen stößt man gewöhnlich auf Madreporarier (Steinkorallen), wie die gelben „Nippel" von Leptopsammia pruvoti und Formationen von Cladocora caespitosa. Die innersten Kabinen, in denen das Wasser praktisch still steht, sind weniger begehrt. Sie sind daher auch nach vielen Jahren nur von Polychaeten und einigen wenigen Bryozoen besiedelt und sehen überwiegend „sauber" aus. Falls aber Wasserströmung vorbeikommt, findet man auf der Beplattung sogar Rotkorallen.

Außerdem leben hier bedeutende Schwammkolonien, insbesondere Spirastrella cuctatrix und Phorbas tenacior, die Substrate überwachsen, und die beeindruckende Aplysina aerophoba, die ebenfalls große Flächen mit gelben Ansammlungen überziehen kann. Schließlich sei erwähnt, daß auf bestimmten Wracks einer der schönsten Mittelmeer-Organismen, die Juwelen-Anemone (Corynactis viridis), durchaus häufig zu finden ist. Sie kommt in mehreren Farben vor, von Braun über Grün- und Gelbvarianten bis zu einem Fuchsien-Farbton.

Risse und andere enge Räume sind ideal für Crustaceen, Langusten, Furchenkrebse und diverse Garnelen. Man findet diese Tiere leicht in der Nacht, wenn sie ihr Versteck verlassen und auf die Jagd gehen. Unter den Fischen sind die Meeraale die Herrscher der Wracks. Sie erreichen enorme Ausmaße und bewohnen mit Vorliebe die unzugänglichsten Bereiche, etwa den Raum zwischen Rumpf und Meeresboden. Ebenfalls häufig sind dichte Schwärme von Fahnenbarschen, Drachenköpfen und Meerbrassen, insbesondere Diplodus putazzo, der sich über dem Wrack im offenen Wasser aufhält.

A

A - Drachenköpfe sind bei Wracks häufig zu finden.
Foto von Kurt Amsler

B

B - Zu den Fischarten, die in Wracks Wohnung nehmen, gehören auch Meeraale. Diese Exemplare bewohnen das Wrack der Tantine, ein recht mysteriöses Schiff mit völlig unbekannter Vorgeschichte.
Foto von Kurt Amsler

C

C - Es ist ziemlich schwierig, von großen Wracks, wie der Amerique, gute Aufnahmen zu machen. Dieser Dampfer sank zu Beginn unseres Jahrhunderts nahe Torre Faro, im äußersten Norden der sizilianischen Küste an der Straße von Messina. Man sollte extrem kurze Brennweiten einsetzen.
Foto von Roberto Rinaldi

FOTOS UND VIDEOAUFNAHMEN

Es ist wirklich sehr schwer, ein Wrack im Mittelmeer zu fotografieren, besonders dann, wenn man versucht, nicht nur ein Detail, sondern den ganzen Umfang eines großen Wracks einzufangen. Die einzige Möglichkeit, große Teile des Wracks aus zumutbarer Entfernung aufzunehmen, besteht darin, einen extremen Weitwinkel zu verwenden. Das Wasser ist reich an Schwebstoffen, und Qualität und Schärfe des Bildes entsprechen umgekehrt proportional der Entfernung von der Kamera zum Objekt. So lange ein Wrack in flachem Wasser liegt, wo der natürliche Lichteinfall noch immer stark ist, läßt sich das Problem bewältigen. In diesem Fall müssen Sie lediglich den Blitz ausschalten, der bestenfalls die Schwebstoffe beleuchten würde, und die Kamera bei der Aufnahme stillhalten. Häufig werden Sie im offenen Wasser schweben. In größeren Tiefen wird es jedoch sehr schwierig, wenn nicht gar unmöglich, die Dimensionen eines großen Schiffes festzuhalten. Auch hier sollte man Blitzlichter höchstens zur Aufhellung des Vordergrundes einsetzen, während die Lichtquelle ganz im Hintergrund bleiben sollte. Dabei fallen so lange Belichtungszeiten an, daß man unscharfe Bilder riskiert. Auch beim Einsatz empfindlicherer Filme werden die Resultate zwangsläufig körnig ausfallen, was die Umrisse noch stärker verschwimmen läßt.

Niemals sollten Sie dort ein Foto schießen, wo ein anderer Taucher schon vorbeigeschwommen ist, denn die aufgewirbelten Schwebstoffe würden das Bild ruinieren. Auch sollten Sie stets daran denken, die Beleuchtung hinten und möglichst weit von der Kamera entfernt einzusetzen. Für Aufnahmen im Inneren des Wracks brauchen Sie ein Pilotlicht auf dem Blitz, außerdem ein Lampe, um die Skalen für Verschlußzeit, Blende und Entfernung abzulesen. Da die Innenwände einen Teil des Lichts reflektieren, können Sie auf diese Weise relativ große Räume ausleuchten. Sie müssen jedoch schnell arbeiten, denn schon bald lösen die ausgeatmeten Luftblasen einen wahren Partikelregen aus.

Ähnlich problematisch sind Videoaufnahmen. Auch hier benötigen Sie extreme Weitwinkelobjektive, und nur selten reichen die standardmäßig eingebauten Zoomlinsen in dieser Hinsicht aus, so daß Sie aufsteckbare Weitwinkel-Linsen einsetzen müssen. Gelegentlich werden diese vom Hersteller mitgeliefert und befinden sich in der Kameratasche. Die beste Beleuchtungsmethode für Videoaufnahmen besteht darin, die Distanz, die das Licht zurücklegen muß, möglichst kurz zu halten. Selbst wenn die Lampen direkt auf dem Kameragehäuse befestigt sind, verkraften bewegte Bilder eine durch Schwebstoffe verminderte Schärfe besser als Fotos.

D

D - Ein Fotograf untersucht die mit Gorgonien und anderen Organismen überkrusteten Platten am Heckabschnitt der Mohawk Deer. Die vielen Schwebstoffe des Mittelmeerwassers machen es sehr schwer, scharfe Fotos zu schießen.
Foto von Andrea Ghisotti

E

E - Fotos sind die einzigen Andenken, die dem Taucher nach der Erkundung eines Wracks bleiben. Oben rechts möchte ein vollständig ausgerüsteter Taucher die optimale Methode herausfinden, eines der Fahrzeuge, die für das Wrack der Nasim II typisch sind, „für die Ewigkeit festzuhalten“. Unter Wasser ist es unerläßlich, die Lichtintensität zu kontrollieren. Die richtige Beleuchtung ist für gute Aufnahmen entscheidend, zumal Blitzgeräte hier möglichst gar nicht eingesetzt werden sollten: Sie würden nur die Schwebstoffe erhellen.
Foto von Roberto Rinaldi

SAN DOMENICO
von Kurt Amsler

Bewertung:

Ortung: einfach
Sicht: recht gut
Strömung: gering
Schwierigkeit des Tauchgangs: einfach
Netze / Leinen: zahlreich
Historisch interessant: ja
Fotografisch interessant: ja
Biologisch interessant: durchschnittlich

Schiffstyp: Dreimastsegler „Windjammer"
Nationalität: Italien
Baujahr: 1893
Gewicht: 1119 Tonnen
Gesunken: 16.6.1897
Ursache: übermäßiges Schlingern
Position: 43° 18, 36' 8" N; 5° 20' 48,9" O
Ort: Nördliche Bucht von Marseille
Entfernung von der Küste: 800 m
Minimale Tiefe: 26 m
Maximale Tiefe: 33 m

N
26 m
33 m

SAN DOMENICO

A

B

A - Mit einer Länge von fast 70 Metern gehört die San Domenico zu den größten Wracks des Mittelmeers. Obwohl von dem Schiff nur wenig mehr als die leere Hülle übrig ist, bleibt ein Tauchgang zu diesem Wrack spektakulär, vor allem dank des ungewöhnlich klaren Wassers.

B - Viele Aufbauten des Schiffes hat die Korrosion des Meerwassers bereits zerstört. Hier liegt das Wrack schon beinahe hundert Jahre lang.

C - Der Bug der San Domenico, die aufrecht auf dem Meeresgrund liegt, weist zur Einfahrt des Hafens von Marseille.

16. Juni 1897: Im alten Hafen von Marseille lag der Dreimastsegler San Domenico auf Reede. Das Schiff gehörte zu den Windjammern, jenen großen, unmotorisierten Seglern früherer Zeiten. Obwohl die San Domenico erst vier Jahre alt war, mußten einige Reparaturen vorgenommen werden. Zu diesem Zweck mußte der Segler in die nur wenige Meilen entfernte Werft in Estaque gebracht werden. Da es sich nicht lohnte, für eine solch kurze Distanz ein Segel zu setzen, wurde das Schiff mit dem Schlepper Marseillaise aus dem Hafenbecken des „Vieux Porte" gezogen. An diesem besagten 16. Juni fegte der Mistral, vom Rhônetal her kommend, mit nahezu Windstärke zehn über das Meer. An Bord befanden sich Kapitän Domenico Gavagnin und einige seiner Matrosen. Die See war aufgewühlt, und eine hohe Dünung machten dem Segler schwer zu schaffen. Da dem Schiff der übliche Ballast von 100 Tonnen im Kiel fehlte, begann das schnittige und sonst äußerst stabil im Wasser liegende Schiff zu rollen. Auch Kapitän Gavagnin merkte sehr schnell, daß bei der Planung und Vorbereitung dieser Überführung ein großer Fehler begangen worden war. Doch für lange Überlegungen war jetzt keine Zeit, das Schiff war manövrierunfähig, so daß er seine mißliche Lage sowieso nicht ändern konnte. Die San Domenico begann jetzt bis zur Kentergrenze zu schlingern und nahm jedesmal hektoliterweise Wasser auf. Die Zeitspannen, in denen sich der nun überschwere Rumpf wieder aufrichten konnte, wurden immer länger, und plötzlich lief das ganze Schiff über die Backbordseite ganz voll Wasser. Der stolze Segler versank innerhalb kurzer Zeit.
Die Mannschaften des Seglers und des Schleppers wurden von dem unerwarteten Geschehen total überrascht. Der Kapitän des Schleppers befürchtete, auch noch sein Schiff zu verlieren, weil es sich in den Wanten der San Domenico verheddert hatte. Einige der Matrosen konnten auf den Schlepper überwechseln oder sprangen ins Wasser. Trotzdem waren Opfer zu beklagen: Drei Männer ertranken bei dem Unglück.
Obwohl das Wrack nur eine halbe Meile von Land entfernt und auch nicht sehr tief lag, wurde keine Bergung erwogen. Damit die San Domenico aber nicht die Schiffahrt und die Netzfischerei behinderte, sägten Taucher die bis zu drei Meter unter die Wasseroberfläche aufragenden Masten und das lange Bugspriet ab.

C

Der Tauchgang zum Wrack

Das Wrack der San Domenico liegt auf der idealen Tiefe von 33 Metern in der nördlichen Reede von Marseille. Der Bug zeigt noch immer genau in Richtung Werft, die das Schiff nie erreichte. Das Wrack liegt praktisch aufrecht mit einer leichten Neigung nach Steuerbord. An dieser Stelle, nur eine halbe Meile von der Mole des Hafenbeckens entfernt, herrscht fast nie starke Strömung, und daher ist sie allseitig windgeschützt. Das Schiff ist 70 Meter lang und sechs bis acht Meter hoch. Leider wurden, wie schon erwähnt, die Masten und Takelage abgesägt. Aber auch so wird der Besuch des Wracks

zum Erlebnis. Es hängt von der Klarheit des Wassers ab, die in der Reede von Marseille nie optimal ist, wieviel von dem Wrack aus der Vogelperspektive überblickt werden kann. Beim Näherschwimmen werden aber die Merkmale dieses Schifftyps deutlich: das weit ausladende Heck mit dem nach Steuerbord eingeschlagenen Ruder. Vergeblich sucht man nach der Schiffsschraube. Die Windjammer dieser Zeit wurden nur durch Windkraft angetrieben. Der ganze Eisenrumpf ist über und über mit Austern bedeckt, und im Scheinwerferlicht leuchten orangefarbene Schwammteppiche. Die hölzernen Deckplatten sind fast alle weggefault. Man kann also von allen Stellen durch die eisernen Verstrebungen in den Rumpf eintauchen. Von den ehemals drei Stockwerken ist nicht mehr viel übrig. Ein phantastischer Anblick bietet sich dann in der Hälfte zum Bug hin. Da hängen große, engmaschige Fischnetze in den Streben und ergeben - je nach Sonnenstand - eine imposante Silhouette. Die typischen Wrackbewohner findet der Taucher auch hier: große Meeraale, Drachenköpfe, Gabeldorsche, Muränen und Schwärme von Mönchsfischen und Sardinen. Zu den Besonderheiten gehören unzählige, bis zu zehn Zentimeter große, gelbe Nacktkiemenschnecken.
Wie ein großer Trauerflor hängt ein großes Netz über der Steuerbordseite des Bugs. Hier lohnt es sich, ins freie Wasser hinauszuschwimmen, um den eleganten, schnittigen Bug zu betrachten. Es ist jammerschade, daß hier das lange Bugspriet abgesägt wurde. Diese einstige Zierde liegt nun vor dem Bug, halbwegs vom Sand überdeckt.
Die San Domenico ist einfach zu betauchen. Durch die verhältnismäßig geringe Tiefe hat der Traucher viel Zeit und kann problemlos das Schiff umrunden. Da das Wrack in der Schiffahrtstraße liegt, sollten Sie unbedingt darauf achten, am Ankerseil ab- und auch wieder aufzutauchen.

D

D - Die Holzplanken der Decks sind beinahe vollständig verrottet. Die dabei zutage tretenden Metallrippen erzeugen einen ziemlich surrealistischen Effekt.

E

E - Der Vorderabschnitt der San Domenico ist von einem Schleppnetz umschlungen, das sich in dem Wrack verfing und aufgegeben wurde. Obwohl von dem Schiff kaum mehr als sedimentbedeckter Schrott übrig ist, bietet es einen unvergeßlichen Anblick.

F

F - Durch die verschiedenen Öffnungen, die im Deck entstanden sind, können Sie - vorsichtig - in das Innere des großen Segelschiffs eindringen. Hier treffen Sie alle üblichen Wrackbewohner - von der Schnecke bis zur Muräne - an.

DIE JUNKERS 88 VON LE FRIOUL

von Kurt Amsler

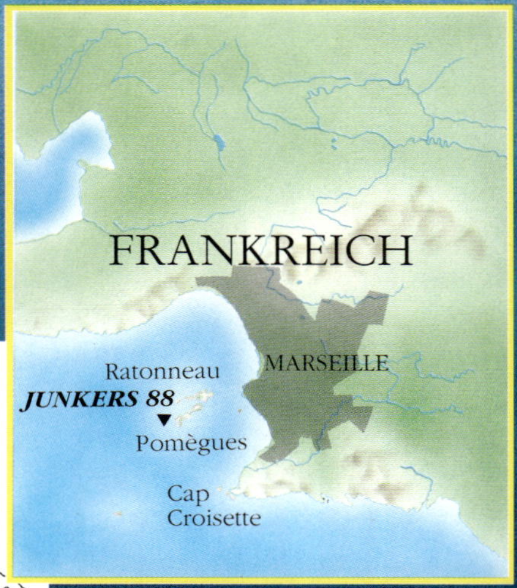

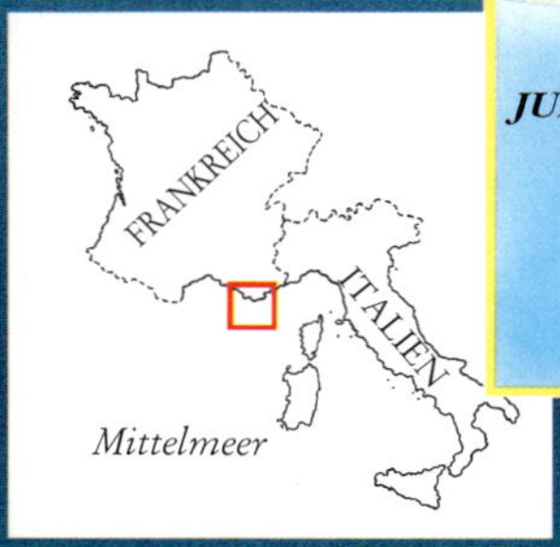

Bewertung:

Ortung: schwierig
Sicht: je nach Strömungsverhältnissen gut bis gar nicht
Strömung: gering
Schwierigkeit des Tauchgangs: groß
Netze / Leinen: einige
Historisch interessant: ja
Fotografisch interessant: ja
Biologisch interessant: mäßig

Flugzeugtyp: Bomber
Nationalität: Deutschland
Baujahr: unbekannt
Flügelspannweite: 18,38 m
Länge: 14,36 m
Startgewicht: 10 360 kg
Absturzdatum: unbekannt
Ursache: technisches Versagen
Position: 43° 16’ 42“ N; 5° 17’ 10“ O
Ort: südlich der Insel Le Frioul
Entfernung von der Küste: etwa 500 m
Minimale Tiefe: 50 m
Maximale Tiefe: 53 m

N
50 m
53 m

DIE JUNKERS 88 VON LE FRIOUL

A

Über die Ursache des Absturzes des deutschen Sturzkampfbombers ist nichts bekannt. Man nimmt an, daß das Flugzeug zum deutschen Luftwaffenstützpunkt Istre in der Nähe von Avignon unterwegs war.
Ein technischer Defekt könnte den Piloten zur Notwasserung gezwungen haben. Eine eigentlich realistische Theorie, denn das Flugzeug liegt sehr nahe bei der Insel Le Frioul. Die Besatzung konnte also das rettende Land schwimmend erreichen. Tatsache ist, daß nicht alle Mitglieder der Besatzung überlebten, denn in der Glaskanzel des Bordschützen wurden Knochen gefunden.

B

Es existiert ein Augenzeugenbericht eines auf Le Frioul stationierten Gendarmen, der im Jahre 1944 den Absturz eines Flugzeuges beobachtet haben will. Die Stelle würde einigermaßen mit dem Standort des Wracks übereinstimmen. Die Tatsache aber, daß unter dem Pilotensitz der Junkers 88 Signalraketen mit einem Ablaufdatum vom Mai 1943 gefunden wurden, widerlegt die These. Angesichts der Gründlichkeit der deutschen Luftwaffe muß der Absturz dieser Ju-88 vorher erfolgt sein.
Da das Flugzeugwrack teilweise mit einem starken Netz bedeckt ist, wie man es in der Tiefseefischerei verwendet, dürfte ein großer Fischtrawler das Wrack „eingefangen" und ins flachere Wasser geschleppt haben. Vermutlich hatten die Fischer auf diese Weise versucht, ihr Netz noch zu retten.
Von diesem Flugzeugtyp Ju-88 wurden etwa 800 Stück gebaut. Im Vergleich zu anderen Bombern waren diese Maschinen kleiner, leichter und wendiger. Die Bezeichnung „Sturzkampfbomber" kam daher, daß die Flugzeuge im Sturzflug ihre

A - Dieses Archivfoto zeigt das vordere Maschinengewehr einer Junkers 88, das rechts vom Cockpit montiert war. Diese Waffe besaß ein eingeschränktes Schußfeld und wurde nur in wenigen Produktionsreihen eingebaut.

B - Die Junkers 88 war vielleicht der beste deutsche Bomber des Zweiten Weltkriegs, mit Sicherheit aber das am meisten eingesetzte Modell. Zwischen 1939 und 1945 liefen insgesamt 16 000 Exemplare in vielen verschiedenen Versionen vom Band.

todbringende Ladung absetzen konnten. Sie wurden aber auch als Nachtaufklärer eingesetzt. Das Wrack wurde im Jahre 1989 von Luc Vanrell, einem Taucher aus Marseille, gefunden. Luc taucht noch heute viel an dem Flugzeugwrack und versucht, Gegenstände oder Beweise zu finden, die das Geheimnis der Junkers 88 lüften könnten.

Der Tauchgang zum Wrack

Ziemlich genau einen Kilometer südlich der Insel Le Frioul liegt das Wrack der zweimotorigen Ju-88 in 53 Meter Tiefe. Wie im Hangar steht es aufrecht auf dem sandigen Meeresboden. Nur das Heck ist in einem Winkel von 45 Grad abgeknickt, der übrige Teil des Bombers ist absolut intakt. Das Flugzeug hat eine Länge von 14,5 Metern und eine Flügelspannweite von 20 Metern. Das Cockpit ist bis zur Glaskuppel eingedrückt, wahrscheinlich die Folge des Aufpralls auf die Wasseroberfläche. Ein Teil des Wracks, das Heck und der steuerbordseitige Flügel sind von einem grobmaschigen Fischernetz bedeckt. Wenn Sie durch das tiefe Blau hinabsteigen, lohnt es sich, etwa zehn Meter über dem Wrack einem kurzen Stop einzulegen, um einen Eindruck des ganzen Flugzeugs zu erhalten. Da das Wrack relativ klein ist, werden

C

D

E

C - Ein Taucher schwebt über dem linken Flügel des Bombers. Im Vordergrund sieht man die Stelle, an der der Rumpf abgetrennt wurde.

D - Als die Maschine auf die Wellen schlug, wurden die Vorderkanten beider Flügel erheblich beschädigt: Dadurch sind Teile des komplizierten Innenbaus der Spanten und Längsholme sichtbar.

E - Wie die meisten Bomber jener Zeit besaß auch die Junkers eine vollständig verglaste Nase. Hier saß der Bombenschütze, der für den gezielten Abwurf der Bomben verantwortlich war. Dieser Teil des Flugzeugs wurde schwer beschädigt.

A

A - Die Rahmenkonstruktion der Cockpitabdeckung blieb relativ unversehrt. In der Mitte sieht man noch die Stelle, an der während einiger Einsätze das vordere Maschinengewehr untergebracht war.

B - Eines der großen Räder und die Reifen des Fahrgestells sind noch unter einem der Flügel zu sehen.

C - Umgeben von zahlreichen Instrumenten stehen die Sitze des Piloten und des Co-Piloten noch nebeneinander im Cockpit.

C

B

Sie selbst in dieser Tiefe mit der Zeit auskommen, um alle Einzelheiten zu erkunden. Am eindrucksvollsten sind sicherlich die Motoren. Auch ohne die Propellerblätter haben sie noch riesige Dimensionen. Die Ju-88 waren mit Motoren der Typen 211 B mit 1200 PS und 213 E mit 1725 PS ausgerüstet. Um welche Version es sich bei diesem Flugzeug handelt, ist nicht bekannt.

Da das Flugzeug allein auf weiter Sandfläche steht, wirkt es wie eine Oase in der Wüste. Viele Fische haben sich angesiedelt, und unter den Tragflächen sitzen oft große Langusten. Wie auf anderen Wracks fehlen auch hier große Drachenköpfe nicht, und auf dem Heck sitzen große Schraubensabellen, herrlich gewundene gelbe Röhrenwürmer.

Ein Wort zur Tauchgangplanung und Sicherheit: Die Ju-88 liegt 53 Meter tief. Das Betauchen des Wracks setzt also große Erfahrung und eine dieser Tiefe angepaßte Ausrüstung voraus. Wichtig für einen erfolgreichen Besuch ist, daß Sie das Wrack genau orten und der Anker nur wenige Meter davon auf dem Sand liegt. Es ist zu anstrengend und braucht zu viel Zeit, in dieser Tiefe weit zu schwimmen. Nach heftigem Regen und bei westlichen Winden und Strömungen (die Rhône leitet erhebliche Sedimentmengen ein) kann die Sicht am Wrack nur wenige Meter betragen.

D

D - Ein Taucher betrachtet aus der Nähe die enorme Haube des linken Propellers: Ganz eindeutig gingen die drei Metallflügel, deren Ansatzstellen noch sichtbar sind, bei dem heftigen Aufschlag verloren.

E - Die Junkers 88 wurde von zwei Jumo-Motoren angetrieben, die übrigens auch in den berüchtigten Stukas eingebaut waren. Im Laufe des Krieges ersetzte man den B-Typ 211 mit 1200 PS durch den E-Typ 213, der über 1725 PS verfügte.

E

F

G

F - Die Hecktragfläche liegt auf dem rechten Flügel. Ein feinmaschiges Fischernetz hat sich hier verwickelt.

G - Deutlich erkennt man noch das Hoheitszeichen auf einer Flügelspitze, ein mit einem weißen Rand umgebenes schwarzes Kreuz. Ähnliche Abzeichen befanden sich an den Flügelunterseiten und jederseits des Rumpfes.

LIBAN

von Kurt Amsler

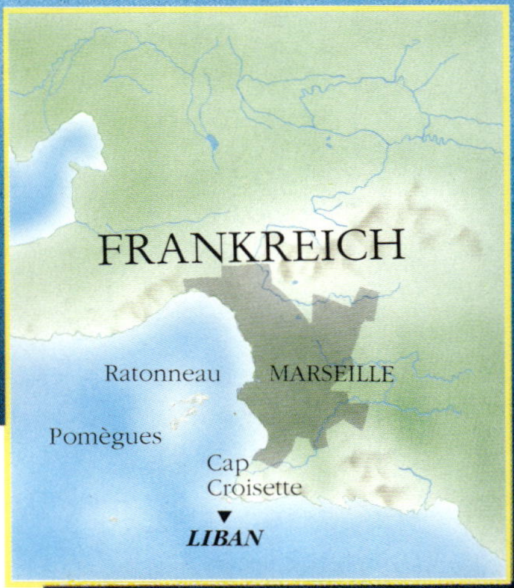

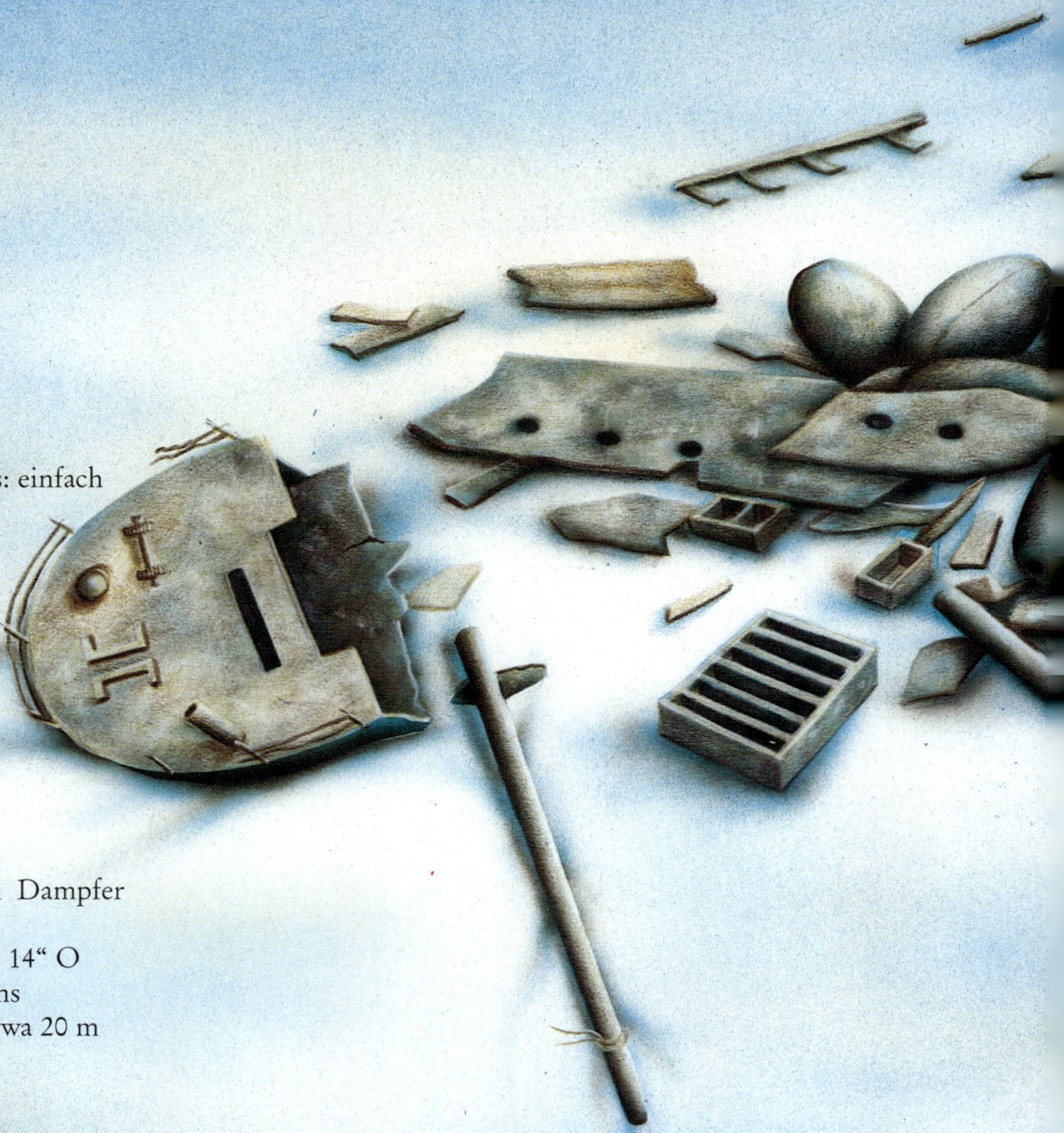

Bewertung:

Ortung: leicht
Sicht: recht gut
Strömung: keine
Schwierigkeit des Tauchgangs: einfach
Netze / Leinen: keine
Historisch interessant: ja
Fotografisch interessant: ja
Biologisch interessant: ja

Schiffstyp: Passagierschiff
Nationalität: Frankreich
Baujahr: 1882
Gewicht: 2308 Tonnen
Gesunken: 7.6.1903
Ursache: Kollision mit dem Dampfer L'Insulaire
Position: 43° 12' 26" N; 5° 20' 14" O
Ort: vor der Insel Les Farillons
Entfernung von der Küste: etwa 20 m
Minimale Tiefe: 30 m
Maximale Tiefe: 26 m

N
30 m
36 m

LIBAN

Der Untergang des Passagierdampfers Liban, der am Sonntag, dem 7. Juni 1903, fast 200 Menschen mit in den Tod riß, war die größte Schiffskatastrophe, die in der südfranzösischen Hafenstadt Marseille jemals registriert wurde. Wie es zu diesem Unglück kommen konnte, ist nach wie vor ungeklärt. Weder ein Sturm noch schlechte Sicht oder ein technischer Defekt waren die Ursache, daß der vollbesetzte Passagierdampfer auf dem Weg nach Korsika mit dem entgegenkommenden Dampfer L'Insulair zusammenstieß.

Die beiden Schiffe waren auf der Höhe der Insel Tiboulen de Mairé gesichtet worden. Die Sichtweite betrug etwa 100 Meter. Mit entsprechendem Sicherheitsabstand beabsichtigten die Kommandanten zu kreuzen und befahlen eine Kursänderung nach Steuerbord. Auf hoher See wäre dieses Manöver problemlos abgelaufen. Richtig abdrehen konnte aber nur die Liban, während für die L'Insulair durch die nahe liegende Ile Mairé eine Kursänderung nicht möglich war. Um eine Kollision mit den Felsen zu vermeiden, befahl der Kapitän einen Kurswechsel nach Backbord, was das Ausweichmanöver wieder aufhob. Krachend bohrte sich der Bug der L'Insulaire tief in die Backbordflanke der Liban.

Es war genau 12.30 Uhr. An Bord der Liban befahl Kapitän Lacotte die verschiedensten Manöver, um sich vom Bug der L'Insulaire zu befreien, was schließlich auch gelang. Als ihm dann das ganze Ausmaß der Situation klar wurde, beschloß er, sein Schiff wenigstens möglichst nahe der Ile Mairé auf Grund zu setzen. Leider ließen die steil aufragenden Felswände der Insel nicht zu, die Liban zu stranden, und der zum Letzten entschlossene Kapitän steuerte den Dampfer mit Volldampf auf zwei Felszacken, Les Farillons genannt, zu. Zwischen diesen aus dem

A

B

A - Der in dieser Original-Illustration festgehaltene Schiffbruch der Liban gehörte zu den schwersten Schiffskatastrophen innerhalb französischer Gewässer: Über 200 Besatzungsmitglieder und Passagiere fanden dabei den Tod.

B - Auf diesem Foto - es wurde kurz nach der Katastrophe aufgenommen - erkennt man deutlich die Schäden am Bug der L'Insulaire, die durch den fatalen Zusammenstoß mit der Liban verursacht wurden.

C

C - Die Liban versank innerhalb weniger Minuten. Inmitten des Tumults hatte die Besatzung nicht einmal mehr Zeit, die Rettungsboote klarzumachen. Obwohl zahlreiche Schiffe auf die Hilferufe reagierten, verliefen die Rettungsversuche unkoordiniert, und – wie diese zeitgenössische Illustration zeigt – der Zwischenfall entwickelte sich zu einer wahren Tragödie.

D - Geisterhaft liegt das Wrack des großen Dampfers zwischen 30 und 36 Meter tief auf Sand. Auf diesem Bild erkennt man einige der Davits für die Rettungsboote.

D

E

F

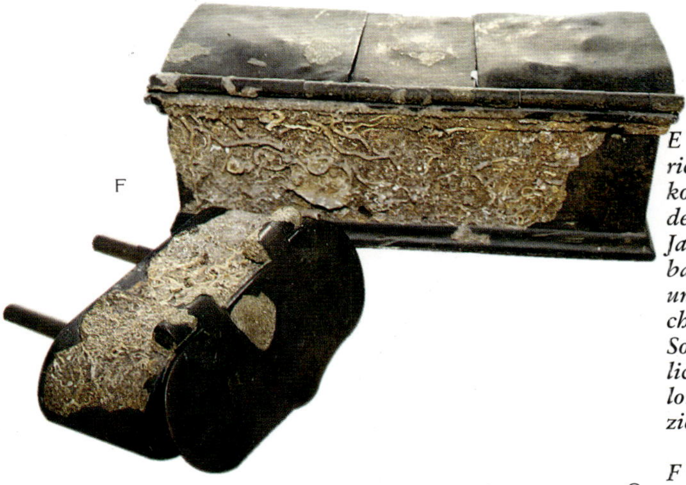

E - Zahlreiche Einrichtungs- und Dekorationsteile wurden im Laufe der Jahre von der Liban geborgen, darunter diese weibliche Statue mit Sockel, die vermutlich einen der Salons des Schiffes zierte.

F - Alle aus dem Inneren des Wracks geborgenen Gegenstände waren im Laufe ihres langen Aufenthalts auf dem Meeresgrund stark bewachsen: Schon seit dem 7. Juni 1903 liegt das Schiff auf dem Meeresboden vor Marseille.

G

G - Trotz des starken Bewuchses ist diese Winde noch zu erkennen.

Wasser ragenden Blöcken hätte das Auffahrtmanöver klappen können, doch nur 20 Meter vor der rettenden Untiefe begann sich das Heck der Liban langsam aus dem Wasser zu heben. Heulend drehte sich die Schiffsschraube hilflos in der Luft, und bebend und vibrierend blieb das Schiff stehen. Entsetzt bemerkte man jetzt auch, daß die Liban zunächst langsam und dann überraschend schnell über den Bug zu sinken begann. Alles ging so rasch, daß die Besatzung keine Zeit hatte, die Rettungsboote klarzumachen.
Grauenvolle Szenen spielen sich ab: In Panik sprangen viele über Bord und ertranken, weil sie nicht schwimmen konnten oder durch die Kleider behindert wurden. Andere kletterten auf die Masten und Aufbauten und stürzten durch die zunehmende Schräglage des Schiffes wieder auf Deck zurück oder ins aufgewühlte Meer. In die Angst und die Todesschreie der Menschen mischte sich das schrille Pfeifen der Dampfventile, das an den Felswänden schauerlich widerhallte. Durch den Lärm aufmerksam geworden, trafen verschiedene Schiffe an der Unglücksstelle ein. Eilig wurden Rettungsboote zu Wasser gelassen, und die Besatzungen begannen mit den Hilfsaktionen. Dennoch blieb eine systematische Rettung der auf dem Schiff verbliebenen und im Wasser treibenden Menschen in dem allgemeinen Chaos unmöglich. Plötzlich ertönte eine gewaltige Explosion, die die Druckkessel der Dampfmaschine auseinanderriß, und mit einem ohrenbetäubenden Krachen brach die Liban mittschiffs auseinander. Als sich der Wasservorhang und der brodelnde Blasenschwall wieder gelegt hatten, war das einst so stolze Schiff verschwunden. Alle noch darauf verbliebenen Passagiere, vor allem diejenigen, die auf dem mit einem käfigartigen Sonnendach überdeckten Hinterdeck geblieben waren, wurden in die Tiefe gerissen. Die genaue Zahl der Toten wurde nie bekannt. Die Schiffahrtsgesellschaft bestätigte 90 Opfer, doch sprachen die Zeitungen von doppelt so vielen, weil sich viele Passagiere, so kurz nach dem Auslaufen des Schiffes, noch gar

A

B

C

nicht eingeschrieben hatten. Zudem kursierten hartnäckige Gerüchte, nach denen sich unter Deck angekettete Häftlinge befanden, die für ein Arbeitslager auf Korsika bestimmt waren.

Mehrere Gerichtsverhandlungen sollten den genauen Hergang des Unglücks klären. Drei Jahre danach wurde schließlich Kapitän Lacotte verurteilt, weil er den verhängnisvollen Gegenbefehl gegeben und sich angeblich, ohne über das Schicksal der Liban nachzudenken, in den schützenden Hafen abgesetzt hatte. Die Liban verblieb in ihrem Grab auf der Ostseite der Ile Mairé. Nie wurden Versuche unternommen, das Schiff zu bergen. Die L'Insulair wurde nach der Reparatur des eingedrückten Bugs wieder auf dem Atlantik eingesetzt.

A - Das Wrack ist vollständig mit üppigen Kolonien von Gorgonien und Steinkorallen bedeckt. Einige davon sind so stark gewachsen, daß sie bestimmte strukturelle Bestandteile des Schiffs bereits verdecken.

B - Das Deck, die Aufbauten, die Mannschaftsgänge und Kabinen blieben überwiegend unversehrt. Auch für den erfahrensten Taucher ist es außerordentlich aufregend, diese Abschnitte zu erkunden.

C - Ein Taucher nähert sich einem Bullauge und leuchtet in eine der Passagierkabinen. Die Liban war ein relativ luxuriöses Schiff, das zwischen Marseilles und Korsika verkehrte.

Der Tauchgang zum Wrack

Das Wrack der Liban liegt nahe der Felsen von Les Farillons. Von Norden ist es zwar gegen Wind geschützt, aber vollkommen den Wellen ausgesetzt, die die Süd- und Ostwinde erzeugen. Das Schiff ist etwa 90 Meter lang und liegt in einer Tiefe zwischen 30 (am Bug) und 36 Metern (am Heck). Am besten beginnen Sie den Tauchgang am Heck, dem tiefsten Punkt. Dieser Teil des Schiffs und ein großer Teil des Kiels liegen in einem Winkel von 45 Grad gegen den Grund geneigt. Es lohnt sich, anzuhalten und Einzelheiten dieses eindrucksvollen Dampfers, etwa die Seile des Achterdecks und die Steuermechanik, zu betrachten. Schwimmen Sie dann über die Reling zum Ruder hinunter, erblicken Sie die teilweise im Sand vergrabene Bronzeschraube. Hier, auf der Schattenseite, ist der Rumpf vollständig mit prächtigen Gorgonien bewachsen, deren Rot im Schein der Lampe aufleuchtet. Steigen Sie dann in Richtung Bug auf. Nachdem Sie das noch gut erhaltene Heck hinter sich gelassen haben, überschwimmen Sie weite Trümmerflächen mit zahlreichen Eisenteilen und stoßen auf den riesigen, teilweise geborstenen Dampfkessel. Wer einmal die verheerenden Spuren der Explosion gesehen hat, versteht leicht, warum das Schiff so schnell sinken konnte. Die höchsten Teile der Aufbauten schützen ausgezeichnet gegen die Strömungen und zeigen auch sonst viel Interessantes.

Trotz des desolaten Zustands dieses Schiffes hauchen die ungewöhnlichen Lebensformen des Mittelmeers der Liban neues Leben ein. So stoßen Sie zum Beispiel oberhalb des Salons, der einstigen Zierde des Schiffes, mit großer Wahrscheinlichkeit auf Abertausende von Mönchsfischen. Auf den Decks patroullieren zahlreiche Schnapper. Hinter dem verformten Eisen finden Sie große Meeraale, die Sie im Schein der Lampe mit großen, schwarzen Augen anstarren. Auf der Liban hält die Fülle der Unterwasserfauna auch für erfahrene Taucher immer wieder neue Überraschungen bereit. Während die tieferen Wrackteile vollständig mit stattlichen Gorgonienkolonien bedeckt sind, kommt wesentlich weniger Leben in den höheren Abschnitten, etwa an den Eisenteilen und Gangways, vor. Hier dominieren gelbe Steinkorallen. An dieser Stelle ist das Deck beinahe eben, und auf dem Bug erkennen Sie die stattliche Ankerwinde. Von hier aus läßt sich ein großer Teil des Wracks überblicken: von der Backbordreling mit den kleinen Davits zum hoch aufgerichteten Bug und auf einen der Masten, welcher neben vielen anderen Wrackteilen an der Steuerbordseite auf dem Sand liegt.

Auch der weniger erfahrene Taucher dürfte angesichts der geringen Tiefe keine Probleme haben, die Liban zu erkunden. Sie sollten wenigstens 3000 Liter Luft mitführen und, wie bereits erwähnt, den Tauchgang an der tiefsten Stelle beginnen. Vom Heck aus steigen Sie dann zum Bug auf, wo Sie längere Pausen einlegen können. Natürlich sollten Sie eine gute Lampe mitführen, um die unzähligen prachtvollen Gorgonien und die Fische in ihren Verstecken anzuleuchten.

D

E

F

D - Ein Taucher beleuchtet ein großes Rad, das inmitten der Wrackteile des Maschinenraums noch immer perfekt zu erkennen ist.

E - Der großartige Bug der Liban hat leichte Schlagseite. Dieses Foto zeigt deutlich den Steven und - auf der Backbordseite - zwei Davits.

F - Da das Wrack in relativ flachem Wasser liegt, ist es Tauchern sämtlicher Erfahrungsstufen zugänglich. Dennoch sollten nur Experten in das Wrackinnere vordringen.

DIE MESSERSCHMITT VON MARSEILLE

von Kurt Amsler

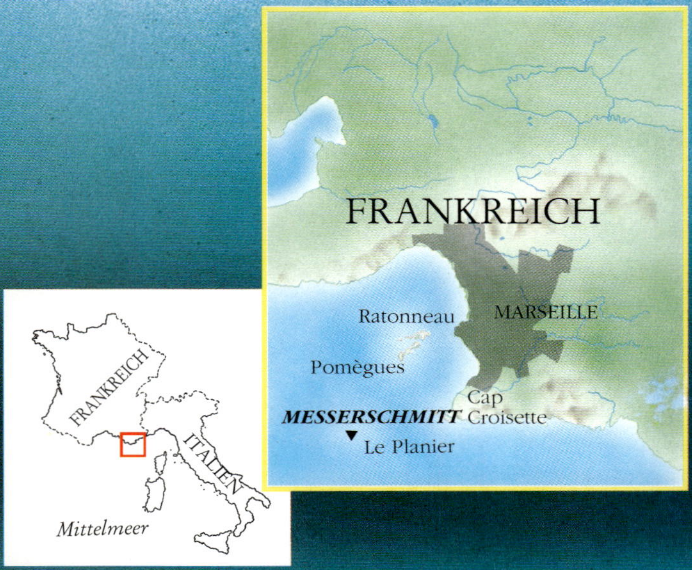

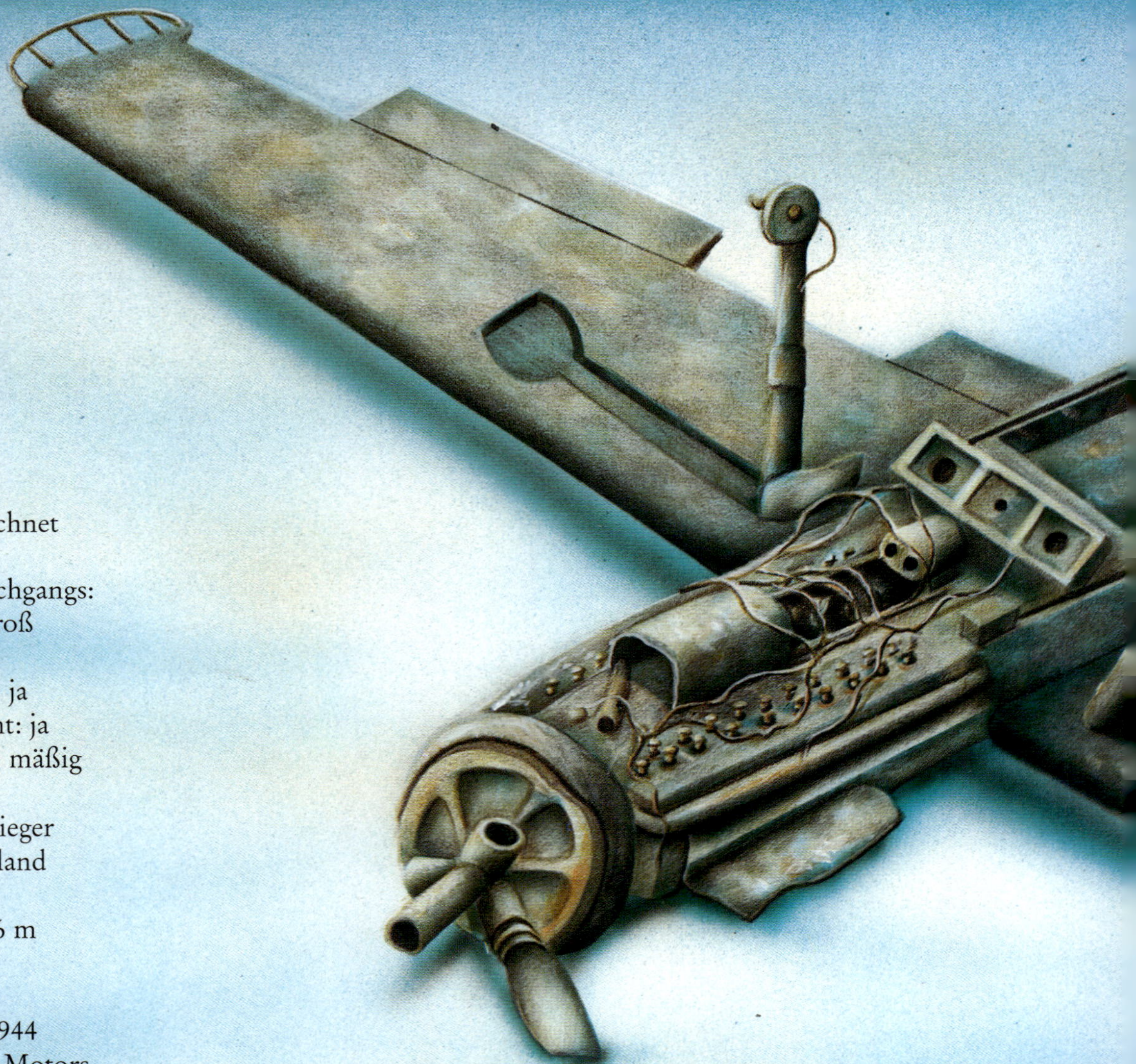

Bewertung:

Ortung: leicht
Sicht: gut bis ausgezeichnet
Strömung: gering
Schwierigkeit des Tauchgangs: durchschnittlich bis groß
Netze / Leinen: keine
Historisch interessant: ja
Fotografisch interessant: ja
Biologisch interessant: mäßig

Flugzeugtyp: Kampfflieger
Nationalität: Deutschland
Baujahr: unbekannt
Flügelspannweite: 9,86 m
Länge: 8,84 m
Startgewicht: 3386 kg
Absturzdatum: 7. 3. 1944
Ursache: Versagen des Motors
Position: 43° 12’ 7“ N; 5° 13’ 85“ O
Ort: Nördlich der Insel Le Planier
Entfernung von der Küste: etwa 100 m
Minimale Tiefe: 44 m
Maximale Tiefe: 45 m

N
44 m
45 m

DIE MESSERSCHMITT VON MARSEILLE

A, B - Diese Fotos zeigen zwei Messerschmitt Bf-109 in Aktion. Diese furchtbaren deutschen Kampfflugzeuge waren vor allem wegen ihrer Wendigkeit und Feuerkraft gefürchtet.

A

B

Am 7. März 1944 löste die Luftwaffenbasis bei Avignon Luftalarm aus: In Begleitung zweier Lightning-Kampfflugzeuge näherten sich zwei amerikanische B 17-Bomber dem Hafen von Marseille.

Sofort wurden zwei Messerschmitt Me-109, jene legendären deutschen Kampfflugzeuge, in die Luft geschickt, um die Feindmaschinen abzufangen. Einer der deutschen Piloten war Hauptmann Hans Fahrenberger - dieser Name kam nach jahrelanger, sorgfältiger Recherche durch den französischen Wrackexperten J.P. Joncheray heraus -, und die Mission kostete ihn um ein Haar das Leben: Es grenzt an ein Wunder, daß er diesen Einsatz überlebte. Bald kamen die feindlichen Bomber in Sichtweite der beiden deutschen Piloten, die ohne Zögern zum Gegenangriff übergingen. Dabei bedienten sie sich der klassischen Taktik der Kampfflieger, aus dem Gegenlicht der Sonne anzufliegen, so daß die Bomberbesatzungen von den kleinen, schnellen deutschen Maschinen überrascht wurden.

Hauptmann Fahrenberger setzte zum Sturzflug an und feuerte aus dem im Propellerzentrum eingebauten 30-Millimeter-Bordgeschütz auf die B 17- Bomber. Allerdings traf er sie nicht, vielleicht aufgrund der heftigen Böen, die sein Flugzeug schüttelten. Also bereitete sich der Hauptmann auf einen zweiten Angriff vor und drückte seine Maschine in einen beinahe senkrechten Steigflug. Zu seinem Unglück, denn in diesem Moment setzte der Motor seiner Maschine plötzlich aus. Aber er hatte noch reichlich Höhe, um seine Maschine im Gleitflug sicher zu landen, und die amerikanischen Lightnings folgten ihm nicht. Sie hatten die Messerschmitt, die stetig an Höhe verlor, bereits abgeschrieben. Jedoch dank seines außerordentlichen fliegerischen Könnens und seiner großen Erfahrung schaffte es Hauptmann Fahrenberger, sein Flugzeug bis zu der kleinen Leuchtturminsel von Le Planier zu segeln. Nur 100 Meter von den Felsen entfernt, wasserte er seine Maschine auf den windgepeitschten Wellen.

Hauptmann Hans Fahrenberger erinnert sich später noch genau: „Das Wasser spritzte überall, einer der Propellerflügel brach wie ein Streichholz, und die Metallhaut der Maschine verformte sich, als sei sie aus Pappe. In nur fünf oder sechs Sekunden sank die Messerschmitt wie

D

C

E

F

C - Heute kann Hans Fahrenberger mit einem Lächeln an den schrecklichen Unfall zurückdenken, den er im März 1944 unverletzt überlebte.

D - Die Messerschmitt Bf-109 wurde nur 100 Meter vor der kleinen Insel Le Planier gewassert. Ein imposanter Leuchtturm bildet den Blickfang der Insel.

E, F - Das umgedrehte Fahrgestell der Bf-109 zeugt von der ungeheuren Wucht, mit der das Flugzeug aufs Meer prallte.

A

B

C

ein Stein. Ich weiß nicht wie, aber es gelang mir, das Verdeck zu öffnen, und ich befand mich in einer Luftblase, die mich sofort nach oben trug. Ohne meinen Fallschirm, der mir half, die Oberfläche zu erreichen, wäre ich ertrunken."

Der Pilot erreichte sicher die Insel Le Planier, wo er am nächsten Tag von einem deutschen Patrouillenboot gesichtet und an Bord genommen wurde.

Das abgestürzte Kampfflugzeug, eine einmotorige Maschine, war nach ihrem Erbauer, dem Ingenieur Willy Messerschmitt, benannt. Die Maschine hatte einen bemerkenswerten 2000-PS-Motor, der eine Höchstgeschwindigkeit von 727 Stundenkilometern ermöglichte. Gefürchtet war die Messerschmitt wegen der Sturzflugangriffe aus großer Höhe.

Der Tauchgang zum Wrack

Das Wrack der Messerschmitt liegt ziemlich genau 100 Meter vor der Insel Le Planier in einer Tiefe von 45 Metern. Die Maschine ist nur 8,74 Meter lang und hat eine Flügelspannweite von 9,86 Meter.

Das Wasser bei Le Planier ist meistens klar, so daß das Wrack schon aus einiger Entfernung zu erkennen ist. Bei guter Sicht ist es ohne weite-

A - Sorgfältig untersucht ein Taucher den Flugzeugmotor, der heute mit zahllosen bunten Organismen überwuchert ist.

B - Noch nach so vielen Jahren auf dem Meeresgrund erkennt man deutlich einen der Propellerflügel und die Mündung der eingebauten 30-Millimeter-Kanone.

C - Auch die Metallhaut des Rumpfes wurde beim Aufprall auf den Wellen irreparabel beschädigt und verformt.

res möglich, das Wrack direkt von der Insel aus anzutauchen.
Die Messerschmitt liegt mit dem Fahrwerk nach oben auf dem Grund. Ein Propellerblatt steckt im Sand, die anderen sind abgebrochen. Das Heck mit dem Leitwerk ist leicht abgeknickt, denn einige Berufstaucher hatten - ohne Erfolg - versucht, das Wrack anzuheben, um so die im Cockpit verborgenen Geheimnisse zu lüften.
Auf der weiten Sandfläche wurde das Wrack zu einer wahren Oase. Im Lauf der Bordkanone in der Propellernabe hausen Meeraale, und große Röhrenwürmer zieren die Tragflächen und das Fahrwerk. Wenn Sie

D

E

D - Die Messerschmitt ist nicht nur ein versunkenes, vergessenes Denkmal der Tragödien des Zweiten Weltkrieges: Hier findet man zudem unzählige Lebensformen, wie etwa diesen amnutigen Seeigel, der von einem total überwachsenen Rohr herunterhängt.

E - Die verblüffenden Farben der zahllosen Lebensformen, die das Wrack besiedelt haben, bilden den Hintergrund für diesen grazilen Polychaeten.

F - Auch Drachenköpfe gehören zu den Bewohnern dieses Wracks. Auf diesem Bild „posiert“ ein Exemplar auf dem Flugzeug.

die Maschine mit Ihrer Taschenlampe beleuchten, werden Sie von den erstaunlichen Farben der Schwämme überrascht sein, die das Innere bewachsen.
Da das Wrack relativ klein ist, müssen Sie sich außerordentlich vorsichtig bewegen. Jedes Aufwühlen des Sandes wird die Sicht sofort erheblich reduzieren. Besonders die Fotografen unter Ihnen müssen in dieser Hinsicht behutsam sein. Wenn Sie schließlich nach der Erkundung der Messerschmitt nach Süden auf die Insel zu schwimmen, werden Sie ganz in der Nähe einer wunderschönen Gorgonienwand auftauchen.

F

CHAUEN

von Kurt Amsler

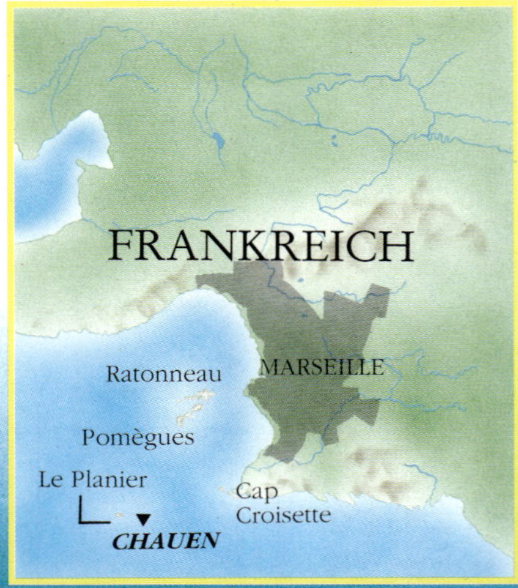

Bewertung:

Ortung: leicht
Sicht: gut bis ausgezeichnet
Strömung: gering
Schwierigkeit des Tauchgangs: einfach
Netze / Leinen: Kabel im Inneren des Wracks
Historisch interessant: kaum
Fotografisch interessant: ja
Biologisch interessant: mäßig

Schiffstyp: Handelsschiff
Nationalität: Marokko
Baujahr: 1960
Gewicht: 1550 Tonnen
Gesunken: 21.2.1970
Ursache: Kollision mit der Insel Le Planier
Position: 43° 11' 55" N; 5° 13' 42" O
Ort: auf den Felsen von Le Planier
Entfernung von der Küste: etwa 5 m
Minimale Tiefe: 2 m
Maximale Tiefe: 26 m

N
2 m
26 m

„Mayday-Mayday-Mayday – Chauen" – diese verzweifelte Meldung wurde von Kapitän Cabriel, dem Kommandanten des Schleppers Provencal XV, am 21. Februar 1970 um ca. 22.30 Uhr aufgefangen. Sofort nahm er Kurs auf die Unglücksstelle und erreichte den bei der Leuchtturminsel Le Planier gestrandeten Frachter um Mitternacht.
Der marokkanische 1550-Tonnen-Frachter Chauen war von Casablanca kommend auf dem Wege nach Marseille. Das Schiff stand unter dem Kommando des französischen Kapitäns M. Freton und hatte 30 Mann an Bord. Die Frachträume waren mit 640 Tonnen Orangen beladen. Warum der Frachter Schiffbruch erlitt, war für alle unverständlich. Es herrschte gutes Wetter, und das Meer war ruhig, obwohl zu dieser Zeit der Mistralwind auffrischte. Der Kapitän hatte seine Ankunft bereits an die Hafenkommandantur gemeldet, und ein Schlepper war unterwegs, um den Frachter zu lotsen. Nie wurde geklärt, ob ein Navigationsfehler oder ganz einfach die Fahrlässigkeit des Kapitäns dem Schiff zum Verhängnis wurde. Fest steht nur, daß das Schiff mit zwölf Knoten Geschwindigkeit beim Boulevard de Dammes auf der Westseite von Le Planier auf die Felsen donnerte. Es schob sich weit auf die Uferfelsen, und durch den Aufprall und den Druck wurde die Steuerbordseite aufgerissen.
Als die durch den Notruf herbeigeeilte Provencal XV zur Stelle war, schwamm die Chauen noch, und man wollte wenigstens versuchen, den Frachter wieder flottzumachen. Das Wetter verschlechterte sich aber zusehends, und das Anbringen einer Stahltrosse wurde zum Wettlauf mit der Zeit. Nach mehreren Versuchen, die Chauen von Felsen zu ziehen, riß dann um 2.30 Uhr noch die Trosse. Da die Wetterlage es jetzt absolut unmöglich machte, eine neue Trosse anzubringen, gab man auf. Der nächtliche Sturm gab dem Schiff den Rest. Morgens um sechs Uhr war bereits der dritte Laderaum überflutet, und das Wasser schwappte schon in den Maschinenraum. Die Chauen mußte aufgegeben werden. Um 13.30 Uhr befahl der Kapitän, das Schiff zu verlassen. Genau 45 Minuten später legte sich die Chauen nach Backbord und versank. Noch etwa 15 Jahre lang ragte der Bug des Wracks über die Wasseroberfläche. Der langsame Zerfall hatte das Schiff aber etwas absacken lassen. Die heftigen Stürme und die Brandung zerschlugen diesen Teil später vollständig und drückten das Wrack ganz unter Wasser. Die höchste Stelle der Chauen liegt nur zwei Meter tief und direkt am Felsen. Von dort aus erstreckt sich das 85 Meter lange Schiff bis hinunter zu einer Tiefe von 26 Meter.

A

A - Die Chauen war ein eleganter Frachter von 1500 Tonnen, der unter marokkanischer Flagge fuhr.

Der Tauchgang zum Wrack

Da das Wasser bei Le Planier meist glasklar ist, können Sie einen großen Teil des Wracks von oben erkennen. Aufgrund ihres geringen Alters und weil sie nicht tief liegt, ist die Chauen noch nicht üppig bewachsen. Ab einer Tiefe von 13 Metern haben sich jedoch an den lichtschwachen Stellen und an den Laderäumen einige stattliche Gorgonen und Schwämme angesiedelt. Das ganze Wrack ist dicht mit Braunalgen bewachsen. Durch die Schräglage ist natürlich alles, was in den Salons, Kabinen und in den Laderäumen vorhanden war, in die tiefsten Ecken gerutscht. Sie schwimmen durch gähnend leere Räume, vorbei an verschiedenen Überbleibseln: Waschbecken und Toiletten befinden sich an den hinte-

B

ren Wänden, als hätte man sie senkrecht installiert.
Um nicht über die im Inneren verborgene Einrichtung zu stolpern, ist eine starke Lampe unbedingt zu empfehlen. Im Maschinenraum müssen Sie sich vorsichtig bewegen, weil unzählige Kabel von den Wänden herunterhängen. Sie sollten am besten zur Steuerbordbrüstung und von dort zum Radarmast weiterschwimmen. An dieser Stelle ist das Wasser extrem klar, so daß die Chauen in ihrer ganzen Pracht zu sehen ist. Allerdings besitzt das Wrack nicht die Ausstrahlung und Mystik alter Schiffsarchitektur, denn es ist ein Frachter neuerer Bauart: Die Reling, die Niedergänge und der Schornstein sind aerodynamisch geformt, und die Kanten sind abgerundet. Die Chauen ist für ein Wrack ausgezeichnet erhalten. Überall im Innern stoßen Sie auf Leben: Tausende von Mönchsfischen und Sardinen stehen über den Aufbauten, und das braune Algenkleid bewegt sich in der Dünung hin und her. So gleicht das Schiff einem riesigen Ungeheuer mit einem zottigen Fell. Trotz dieses ziemlich furchteinflößenden Anblicks ist das Betauchen der Chauen recht einfach und Tauchern auf allen Ausbildungsstufen möglich. Dank der geringen Tiefe kann das Wrack leicht in einem einzigen Tauchgang erkundet werden, und notwendige Sicherheitsstops können am Wrack selbst absolviert werden.

E

E - Das Wrack der Chauen hat eine Schlagseite von 90 Grad nach Backbord: Infolgedessen scheinen die Steuerbordwände der Aufbauten beinahe horizontal zu liegen, während sich die gut erhaltenen Deckplanken senkrecht erheben. Auf diesem Foto erkundet ein Taucher die Umgebung des Radarmastes.

F

F - Als nach längerem Todeskampf die Chauen unterging, stieß ihr Kiel heftig gegen die Felsen der Insel Le Planier, ehe das Schiff auf den sandigen Meeresgrund sank. Das Ruder und die Schraube wurden beim Aufprall schwer beschädigt.

C

D

B - Wie eine Riesenklaue ragt der große Hauptmast zur Oberfläche.

C - Die Chauen weist eine starke Schlagseite auf. Der starke Algenbewuchs macht jede Erkundung des großen Frachters zu einer traumhaften Erfahrung.

D - Da die Chauen erst im Jahr 1970 versank, konnte die korrodierende Wirkung des Salzwassers dem Wrack bisher nicht allzuviel anhaben. Daher sind viele Aufbauten und anderes Zubehör, wie etwa die Ankerwinden, noch gut erhalten.

ARROYO

von Kurt Amsler

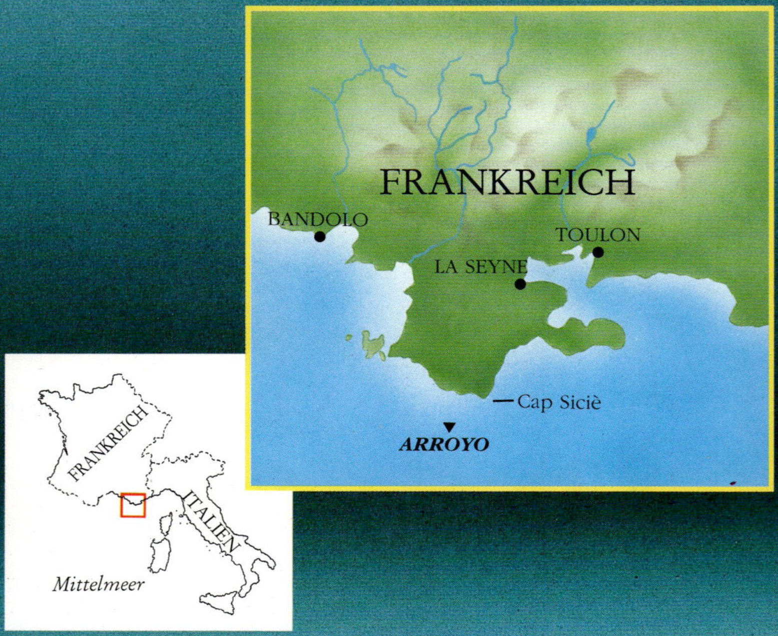

Bewertung:

Ortung: leicht
Sicht: normalerweise ausgezeichnet
Strömung: gering
Schwierigkeit des Tauchgangs: einfach
Netze / Leinen: keine
Historisch interessant: kaum
Fotografisch interessant: ja
Biologisch interessant: ja

Schiffstyp: Versorgungsschiff
Nationalität: Frankreich
Baujahr: 1921
Gewicht: 682 Tonnen
Gesunken: 18.8.1953
Ursache: Übungsziel für französische Marinetaucher
Position: 43° 2,54' 4" N; 5° 52,11' 3" O
Ort: unweit der Insel Les Deux Frères
Entfernung von der Küste: etwa 100 m
Minimale Tiefe: 18 m
Maximale Tiefe: 36 m

N
18 m
36 m

ARROYO

Die Arroyo lief 1921 vom Stapel. Sie war ein sogenanntes Flotten-Begleitboot der französischen Marine und mit riesigen Zisternen für die Frischwasserversorgung anderer Schiffe ausgestattet. Das Schiff war 55 Meter lang, hatte ein Gewicht von 682 Tonnen und wurde von einer 875-PS-Dampfmaschine angetrieben.

A

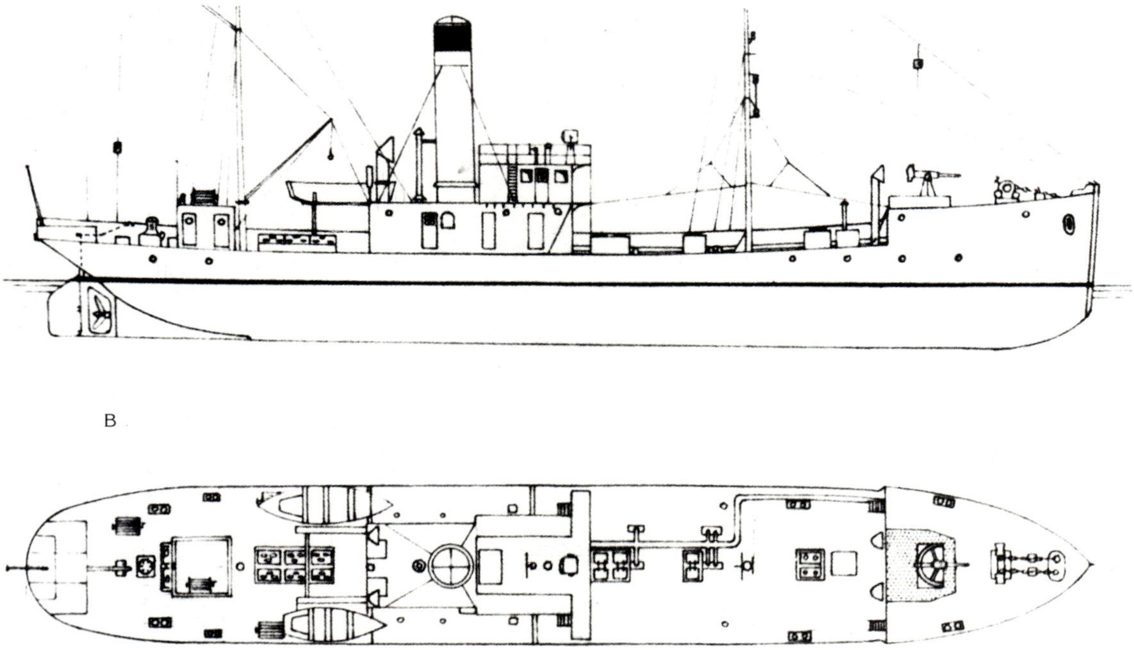

B

A - Auf diesem Archivfoto befindet sich die Arroyo auf See im Einsatz. Das sogenannte Flotten-Begleitboot der französischen Marine hatte die Aufgabe, die Kriegsschiffe mit Trinkwasser zu versorgen.

B - Die 55 Meter lange Arroyo wog 682 Tonnen und wurde von einer 875-PS-Dampfmaschine angetrieben. Auf diesen beiden Skizzen erkennt man das kleine Geschütz, das zur Verteidigung am Bug befestigt war. Allerdings wurde diese Waffe entfernt, ehe man das Schiff versenkte.

Trotz seiner eher untergeordneten militärischen Rolle gelangte das Schiff bis zu den Kolonien Indochinas und war später in Toulon stationiert. Im Jahre 1953 beschloß die Marine, die Arroyo zu versenken, um dadurch ein Trainingsobjekt für die Kampfschwimmer der G.E.R.S. (der Unterwasser-Forschungsgruppe der Marine) zu schaffen. Am 18. August 1953 wurde die Arroyo unter dem Kommando von Phillipe Taillez, dem Chef dieser Einheit, zu den Felsinselchen Les Deux Frères am Cap Sicié bei Toulon geschleppt. Die Versenkung an diesem Platz wurde vom Marine-Ministerium offiziell bewilligt. Mit einer Ladung von je 20 Kilogramm Dynamit in beiden Zisternen und 40 Kilo-

C

C - Der Bug des Schiffes wurde durch die Explosion beschädigt und liegt etwas angehoben an der Steuerbordseite. Noch immer erkennt man die Ankerwinde, die Anker und, weiter hinten, einen Teil der niedrigen Plattform, auf der das Geschütz stand.

gramm im Maschinenraum wurde das Schiff versenkt. Leider wurde die Arroyo bei der Explosion stark zerstört. Eigentlich sollte das Wrack auf den Sandboden versenkt werden, doch blieb das Vorschiff wegen einer leichten Strömung dann auf einer Felsenbank liegen.

Der Tauchgang zum Wrack

Das Wrack der Arroyo ist einfach zu betauchen. Auf einer Fläche von 60 mal zehn Metern und in einer Tiefe von 36 bis 18 Metern finden Sie das komplette Schiff. An dieser Stelle, südöstlich von den Les Deux Frères bei Cap Sicié, gibt es keine starken Strömungen, und dank des starken Ostwinds ist die Sicht beinahe immer ausgezeichnet. Die Arroyo liegt in zwei Teilen auf dem Meeresboden. Das tiefere Heck steht mit leichter Schräglage auf dem Sandgrund. Betrachten Sie es einmal von unten im Gegenlicht; dies ist ein besonders imposanter Anblick. Das Steuerruder und die Schraube sind über und über mit großen Gorgonien bewachsen, die im Licht der Unterwasserlampe in herrlich roten Farben aufleuchten.

Gorgonien wachsen auch auf dem Achterdeck, an den Pollern und Winden. Das offene Hinterdeck ist nicht sehr lang. Wie auf dem Archivfoto zu sehen ist, nahmen die Aufbauten beinahe das letzte Drittel des Schiffes ein. Das Salzwasser hat der Konstruktion in über 40 Jahren stark zugesetzt, so daß die Aufbauten und die Brücke stark zerfallen sind. Dennoch übt dieser Teil des Wracks einen besonderen Reiz aus und bietet ein ausgezeichnetes Fotoobjekt.

Ob das Vorderteil durch die Explosion total zerstört wurde oder dieser Teil des Schiffes genau über einer Felsenbank lag und deshalb zerbrach, kann man nicht mehr feststellen. Wenn Sie Ihre Erkundungen am Heckteil beendet haben, schwimmen Sie über ein Trümmerfeld von Eisenteilen, Platten, Rohren und Flanschen, die daran erinnern, daß die Arroyo mit großen Zisternen zur Wasserversorgung anderer Schiffe ausgerüstet war. Auch der lange Schornstein ist zu sehen, er liegt auf der Backbordseite des Schiffes. Es lohnt sich, mit der Lampe in dieses enorme Rohr hineinzuleuchten: Das Innere des Schornsteins ist mit wunderbaren Gorgonien bewachsen, und große Meeraale haben sich hier eingenistet.

Da die Arroyo, wie schon gesagt, nicht tief liegt, können Sie sich Zeit nehmen, um auch nach anderen Tieren Ausschau zu halten. Große Drachenköpfe sind keine Seltenheit, und im Frühjahr entdeckt man viele Oktopoden. Über dem Wrack patrouillieren große Schwärme von Mönchsfischen und beleben den verformten Rumpf mit Lichtreflexen.

Wenn Sie über die Felsbank hinwegschwimmen, sehen Sie den Bug des Wracks vor sich. Er liegt auf der Steuerbordseite beinahe senkrecht mit der Bugspitze nach unten auf dem Grund. Er ist total intakt, die Poller und Ankerwinden sind vollständig erhalten.

Angesichts der vielen Überraschungen und aufgrund des einfachen Tauchgangs sollten Sie ruhig das Wrack vollständig umschwimmen und hin und wieder Pausen einlegen, um die Details zu betrachten.

D

D - Obwohl die Arroyo durch die Explosion, die sie auf den Grund schickte, erheblich beschädigt wurde und auch das Salzwasser Korrosionsschäden verursachte, sind die Aufbauten, die beinahe das gesamte zum Heck gehörende Drittel des Schiffes einnehmen, noch immer leicht zu erkennen.

E

E - Die Arroyo wurde vor der Insel Les Deux Frères versenkt, um so für französische Marinetaucher ein Übungsgelände zu schaffen.

F

F - Leuchtend rote Gorgonien haben große Teile der verbogenen Schiffsplatten besiedelt, die seit August 1953 auf dem Meeresboden liegen. Im Vordergrund erkennt man zwei bewachsene Poller.

SAGONA
von Kurt Amsler

Bewertung:

Ortung: schwierig
Sicht: durchschnittlich bis gut
Strömung: oft sehr stark
Schwierigkeit des Tauchgangs: groß
Netze / Leinen: keine
Historisch interessant: ja
Fotografisch interessant: ja
Biologisch interessant: ja

Schiffstyp: Handelsschiff
Nationalität: Panama
Baujahr: 1912
Gewicht: 808 Tonnen
Gesunken: 3.12.1945
Ursache: Seemine
Position: Bug: 42° 59' 37" N; 6° 16' 42" O
Heck: 42° 59' 37" N; 60° 16' 43" O
Ort: östlich der Insel Porquerolles
Entfernung von der Küste: 2,96 Kilometer
Minimale Tiefe: 35 m
Maximale Tiefe: 47 m

SAGONA

Am 3. Dezember 1945 wurden die Bewohner der Insel Porquerolles durch eine gewaltige Detonation aufgeschreckt. Östlich der Insel, circa 1600 Meter von Petit Sarranier entfernt, stand ein großer Frachter in Flammen. Die Explosion hatte das Schiff buchstäblich auseinandergerissen. Der Bug driftete noch eine Weile an der Oberfläche und verschwand dann gurgelnd in der aufgewühlten See. Das Mittelschiff lief schnell voll Wasser und versank beinahe schlagartig, während das Heck noch kurze Zeit steil aus dem Wasser ragte, bis es, zuerst langsam, dann immer schneller, in den Fluten versank.

Die Sagona war auf eine der Seeminen gelaufen, die von deutschen U-Booten zu Hunderten in dieser Gegend gelegt wurden. Der stolze Frachter - er war in England gebaut worden und unter panamesischer Flagge gefahren - erlitt jetzt das gleiche Schicksal wie die Prosper Schiaffino alias Donator. Nur zwei Wochen vorher war dieses Schiff, nur wenige hundert Meter entfernt, ebenfalls von einer Mine versenkt worden.

Die Sagona - sie trägt heute den Spitznamen Le Grec - wurde 1912 in den englischen Werften von Dundee SB Ltd. gebaut. Das 808-Tonnen-Schiff war 54 Meter lang und 8,6 Meter breit. Im Laufe der Jahre wechselte es mehrfach den Besitzer: So fuhr die Sagona 1914 unter der Flagge der Reid Newfoundland Co. 1923 wurde sie von der britischen Regierung übernommen und 1941 der Culliford's Associates Lines übergeben. Im Jahre 1943 fuhr die Sagona schließlich im Auftrag der Zarati SS Co. Ltd. unter panamesischer Flagge.

Die Geschichte des versunkenen Frachters geriet schnell in Vergessenheit. Erst viel später beauftragte die französische Regierung einige Taucher, das Wrack zu inspizieren. Diese stießen auf Akten und Papiere in griechischer Handschrift, und das Wrack erhielt den Spitznamen Le Grec.

A

B

A - Die Sagona erlitt dasselbe Schicksal wie die Prosper Schiaffino: Auch sie hatte das Pech, während des Zweiten Weltkriegs auf die Mine eines deutschen U-Boots zu laufen und sofort zu sinken. Die Tragödie ereignete sich in der Nacht des 3. Dezember 1945.

B - Der gedrungene Frachter Sagona lief 1912 in Großbritannien vom Stapel. Er war 54 Meter lang und wog 808 Tonnen. Der auf diesem Bild sichtbare Heckabschnitt des Wracks liegt etwa 60 Meter tief auf dem Sand.

Der Tauchgang zum Wrack

Die Sagona besteht aus zwei Teilen. Das Mittelschiff sitzt wie hingestellt aufrecht auf dem Meeresgrund. Der Bug liegt ca. 60 Meter weiter nördlich in einer 45-Grad-Schräglage auf Grund. Beide Teile sind absolut intakt und bis auf den letzten Quadratzentimeter mit roten Gorgonien bewachsen. Trotz der anscheinend geringen Entfernung ist es unmög-

lich, beide Wrackteile in einem einzigen Tauchgang zu besuchen, denn auf der Sarranterbank herrscht immer eine starke Strömung.
Der 40 Meter lange Hauptteil des Wracks, der das Achterschiff umfaßt, liegt in 46 Meter Tiefe auf dem flachen Sandboden. Das Deck, die Aufbauten und der Schornstein befinden sich unweit davon auf ähnlicher Tiefe.
Am besten beginnen Sie den Vorstoß bei der Schiffsschraube und dem beschädigten Steuerruder. Zweifellos werden Sie von der Größe dieser Schraubenblätter überrascht sein, aber halten Sie sich hier nicht zu lange auf, damit die Zeit für die Erkundung des übrigen Wracks nicht zu knapp wird. Das Achterdeck ist von einer Gitterkonstruktion überdacht, alles ist mit Kalkalgen verkrustet und mit grünem Seetang bewachsen. Ein phantastischer Anblick! Schwimmen Sie nun über oder durch die Aufbauten entlang der Reling, bis Sie ist die riesige, offene Ladeluke sehen. Da sie jedoch leer ist, lohnt sich ein Vorstoß kaum, sondern würde nur Ihre Tauchzeit verkürzen. Bei klarem Wasser können Sie jetzt schon den Schornstein der Sagona ausmachen. Davor stehen die eigentlichen Aufbauten mit den Kabinen und Salons. Beeindruckend sind die riesigen Schwärme von Sardinen und Barschen, die meist über diesem Teil des Wracks stehen. Vieles ist schon ziemlich zerfallen, doch sollten Sie ruhig in die Räume hineinzuleuchten. In den Nischen und Spalten leben große Meeraale, und mit Glück entdecken Sie einen großen Zackenbarsch (Cephalopholis miniata). An dieser Stelle des Schiffes ragen steuerbords zwei Davits ins freie Wasser, an denen die Rettungsboote aufgehängt waren. Der Schornstein hat nicht mehr sein ursprüngliches Aussehen, zeigt aber eindrucksvolle Ausmaße und noch keine Spuren der Vergänglichkeit. An diesem Ort, der bereits auf 35 Metern Tiefe liegt, erkennen Sie gut die Zerstörung, die die Mine angerichtet hat, und verstehen, daß das Schiff innerhalb von Minuten sank. Ein Trümmerhaufen von Eisenteilen liegt kreuz und quer, und die Abrißstelle, an der einmal der Bugteil des Schiffes begann, wirkt wie ausgefranstes Papier.
Wie schon erwähnt, herrscht aber an dieser Stelle eine mächtige Strömung, die so stark sein kann, daß sogar das Tauchen unmöglich wird. Diesen Umständen entsprechend müssen Sie den Tauchgang planen. Die Aufbauten können Sie in solchen Situationen als Strömungsschutz benutzen. Wo Sie das Erkunden des Wracks beginnen, hängt natürlich auch immer davon ab, wo Sie Anker geworfen haben.

C - Die Wucht der Explosion riß den Frachter buchstäblich entzwei und verwüstete das Deck mit den Aufbauten. Der etwa 40 Meter lange Heckabschnitt ist der interessanteste Teil, nicht zuletzt deswegen, weil er besser erhalten ist als der Bugteil.

D - Von vielen Aufbauten ist nichts weiter übrig als ein Gerüst von Streben und Längsholmen, die von Algen, Schwämmen und mehrfarbigen Korallen bewachsen sind.

C

D

Um den Bug der Sagona zu besuchen, müssen Sie einen weiteren Abstieg planen. Die Tiefe beträgt auch hier 47 Meter, und dieser Wrackteil ist ziemlich genau 20 Meter lang. Auch er ist gut erhalten. Nur der Fockmast, der sicher einmal im rechten Winkel vom Deck ragte, hat sich unter seinem Eigengewicht und durch die nagende Korrosion auf den Sandboden gebeugt. Der Bug ist über und über mit prächtigen, blutroten Gorgonen bewachsen, und auch hier stehen Wolken roter Fahnenbarsche (Pseudanthias squamipinnis). Im Inneren des Bugs sollen zwei große Zackenbarsche leben. Persönlich habe ich sie nie gesehen, dafür aber respektable Meeraale von sicherlich 1,5 Meter Länge. Wie bei allen Tauchgängen sollten Sie auch bei der Sagona eine gute Lampe mitführen. Bei starker Strömung wird das Betauchen des Bugs problematisch, weil dieser relativ kleine Teil des Wracks keinen Schutz gegen die Wassergewalten bietet.
Ein Wort zur Ausrüstung und Sicherheit: Bedenken Sie, daß das Wrack tief liegt und die Zeit da unten kurz ist. Es ist also nicht möglich, längere Zeit zu verweilen oder große Strecken zu schwimmen. Überlegen Sie sich, welcher Typ von Atemgeräten am besten geeignet ist. Sie brauchen wenigstens 3000 Liter Luft. Berücksichtigen Sie auch den

A - Am Heck sieht man noch die große, vierflügelige Schraube und das Flachruder. Trotz des Bewuchses erkennt man deutlich die Scharniere, Ausleger und Zapfen.

B - Auf dem Achterdeck und in der Umgebung dessen, was davon übriggeblieben ist, bietet die vielfältige Fauna auf den Platten einen eindrucksvollen Anblick.

C - Die von großen Fahnenbarsch-Schwärmen umgebene Brücke ist noch zu erkennen. Die Aufbauten des Schiffes bieten eine willkommene Möglichkeit, sich von den starken Strömungen dieser Gegend für kurze Zeit zu erholen.

erhöhten Luftverbrauch bei Strömung, und außerdem empfiehlt sich ein zweiter Automat für die Dekompressionsphasen.
Je nach der Strömungssituation könnten Sie gezwungen sein, im freien Wasser aufzusteigen. Vorzugsweise sollten Sie auch Parachuts für Sicherheitsstopps mitführen.

E

F

E - Der Bug der Sagona liegt mit starker Schlagseite in 46 Meter Tiefe. Dieser Schiffsabschnitt wurde von zahlreichen roten Gorgonien besiedelt, und in der Nähe leben dichte Schwärme von Fahnenbarschen.

F - Wie man aus der Tatsache, daß die Propelleröffnung praktisch unversehrt blieb, schließen kann, hat der Sandboden den Aufprall wenigstens teilweise gedämpft.

G

G - Das Wrack der Sagona ist mit enormen Exemplaren roter Gorgonien buchstäblich gepflastert. Schon ihretwegen lohnt sich der Tauchgang.

D

D - Im Laufe der Jahre hat sich das Wrack der Sagona in ein wunderbar blühendes Riff verwandelt und wurde so zu einem „Pflichtobjekt“ aller Taucher. Allerdings ist dieser Tauchgang angesichts der starken Strömungen nur Experten anzuraten, besonders dann, wenn man auch den Bug sehen möchte.

PROSPER SCHIAFFINO ALIAS DONATOR

von Kurt Amsler

Bewertung:

Ortung: schwierig
Sicht: gut
Strömung: häufig stark
Schwierigkeit des Tauchgangs: hoch
Netze / Leinen: keine
Historisch interessant: ja
Fotografisch interessant: ja
Biologisch interessant: ja

Schiffstyp: Handelsschiff
Nationalität: französisch
Baujahr: 1931
Gewicht: 1698 Tonnen
Gesunken: 10.11.1945
Ursache: Seemine
Ort: südöstlich der Insel Porquerolles
Entfernung von der Küste: 1,85 Kilometer
Minimale Tiefe: 25 m
Maximale Tiefe: 51 m

N
25 m
51 m

PROSPER SCHIAFFINO ALIAS DONATOR

Die Prosper Schiaffino, auch als Donator bekannt, lief 1931 unter dem Namen Petite Terre vom Stapel und verkehrte zunächst als Bananendampfer zwischen Frankreich und den Französischen Antillen. Im Jahre 1939 wurde sie in die Flotte des Reeders Charles Schiaffino übernommen, der die etwa 20 Schiffe seiner Gesellschaft mit den Namen seiner Familienmitglieder zu taufen pflegte. Die Donator war das einzige Schiff der Flotte, das den Zweiten Weltkrieg überstand. Alle anderen gingen in den Kriegswirren verloren oder wurden vollkommen zerstört in irgendwelchen Häfen wiedergefunden. Das Glück, mit dem die Donator den Krieg überstanden hatte, währte jedoch nur kurz, denn am 10. November 1945 fuhr die Prosper Schiaffino mit einer Weinladung auf eine nicht geräumte deutsche U-Boot-Mine und sank.

Das Schiff war 1931 auf den Holz Werksted A/S-Werften im norwegischen Hafen Bergen gebaut worden. Es war 78,28 Meter lang, 11,94 Meter breit und hatte einen Tiefgang von 5,5 Meter. Der Frachter wurde von einer Maschine mit 1800 PS angetrieben und hatte 1698 Bruttoregistertonnen.

Noch im Oktober 1945 verließ die Donator Marseille in Richtung Algerien. Sie hatte 700 Tonnen Trockengemüse geladen. Nachdem die Ladung gelöscht war, verließ der Frachter den Hafen von Mosatganer mit einer Ladung Wein, der in unzähligen Fässern in den Laderäumen und in großen Zisternen an Deck gelagert war.

Da die Minenräumung im Mittelmeer noch lange nicht abgeschlossen war, ordnete Kapitän Baillet erhöhte Aufmerksamkeit und vorsichtige Fahrweise an. Ohne Zwischenfall erreichte der Frachter auf der Höhe von Cartagena die spanische Küste und nahm Kurs auf Toulon. Die Durchfahrt zwischen der Halbinsel Giens und Porquerolles war gesperrt, deshalb mußte die Donator die Südseite der Insel passieren. An diesem 10. November herrschte starker Mistral, und der vollgeladene Frachter stampfte mühsam durch das Wasser, dessen Brecher über die Decks stürzten. An der Südostspitze der Insel drehte die Donator nach Backbord ab, um zwischen Porquerolles und Port Cros durchzufahren. Es war genau 13.10 Uhr, als eine gewaltige Explosion das Schiff erschütterte und den Bug zerriß. Es war der Volltreffer einer Seemine, die entweder im Wasser trieb oder noch an einer von den Räumungskommandos nicht entdeckten Verankerung hing. Schon wenige Sekunden nach der Explosion hatte der Rumpf soviel

A

B

C

A - Die Prosper Schiaffino, ein Handelsschiff, das 1931 in Norwegen vom Stapel lief, wurde acht Jahre später von einem französischen Schiffseigner erworben. Zuvor war sie unter dem Namen Petite Terre als Bananendampfer in den Gewässern der Französischen Antillen eingesetzt worden.

B - Nachdem sie den Krieg unversehrt überstanden hatte, lief die Prosper Schiaffino am 10. November 1945 auf eine unmarkierte deutsche Mine und sank innerhalb weniger Minuten.

C - Heute ist aus der Prosper Schiaffino - sie liegt auf dem Sandboden vor der Insel Porquerolles - ein Unterwassergarten geworden.

Wasser aufgenommen, daß sich das Heck der Donator zu heben begann. Die 29 Mann Besatzung versuchten verzweifelt, die Rettungsboote zu fieren, doch die immer stärker werdende Schräglage des Schiffes machte das Vorhaben unmöglich. Einige Matrosen sprangen in Panik über Bord, während die anderen krampfhaft versuchten, wenigstens die an Deck vertäuten Rettungsfloße aus Kork klarzumachen. Dies alles spielte sich in wenigen Minuten ab. Das Heck hob sich immer höher, und die Schiffsschraube stand schon weit über dem Wasserspiegel. Die Donator war zum Sinken verurteilt. Die Männer, die weit genug wegschwimmen oder sich auf den Flößen in Sicherheit bringen konnten, wurden Zeugen, wie ihr Schiff, zitternd und bebend, aber ohne zu kentern, über den Bug in die Tiefe rauschte.

Ein englisches Marineflugzeug, das zufällig auf einem Erkundungsflug war, hatte das Unglück beobachtet und die Marine über Funk benachrichtigt. Erst vier Stunden nach dem

D

E

F

D - Eine große, heute total überwachsene Ersatzschraube ist noch an den Heckaufbauten befestigt.

E - Wie man auf diesem Foto sieht, haben die vielen Jahre auf dem Meeresgrund dieses Schiff in einen blühenden „Garten“ von seltener Schönheit verwandelt.

F - Aus dem Wrack ist ein farbenprächtiges Riff geworden. Es ist von stattlichen Gorgonien bewachsen, zwischen denen Fahnenbarsche und Schwärme anderer, bunter Fische umherschwimmen.

Untergang wurden 27 total erschöpfte Männer gerettet. Zwei Besatzungsmitglieder wurden nie mehr gefunden, und zwei weitere Gerettete erwachten nicht mehr aus ihrer Bewußtlosigkeit.
Mit dem Untergang der Donator verlor das einstmals riesige Unternehmen Charles Schiaffino & Co sein letztes Schiff.

Der Tauchgang zum Wrack

Das Wrack der Donator liegt auf flachem Sandgrund. Der abgesprengte Bug liegt 48, das Heck 51 Meter tief. Das Deck befindet sich auf einer Tiefe von 40 Meter, wobei die Aufbauten bis 35 Meter und der Mast sogar bis 25 Meter gegen die Oberfläche reichen. Das Wrack ist sehr groß, so daß es nur bei schwacher Strömung umrundet werden kann, was aber sehr selten vorkommt. Sie müssen den Tauchgang anhand unserer Aufsichtszeichnung gut planen. Dann ist der Abstieg zur Donator ein unvergeßliches Erlebnis. Die 50 Jahre auf dem Meeresgrund haben das Schiff in ein blühendes Riff verwandelt. Ideale Wachstumsbedingungen bieten die Bordwände, die sich in richtige Gorgonienwände verwandelt haben. Schwärme kleiner, leuchtend bunter Fische stehen über den Aufbauten, und über den Laderäumen bewegen sich wellenförmig rote Fahnenbarsche (Pseudanthias squamipinnis). Natürlich finden Sie hier auch alle anderen typischen Wrackbewohner.
Zweifellos ist das Achterschiff der interessanteste Teil des Wracks. Sie erkennen die riesige Schiffsschraube und das mit Gorgonien bewachsene Steuerruder. Auf dem Heck steht ein großes Steuerrad, und vor den niedrigen Aufbauten in Richtung Großmast ist eine Reserveschraube festgezurrt. Wenn Sie sich neben einem der vier Flügel aufhalten, wird Ihnen die Größe eines solchen Schiffsantriebs erst richtig bewußt. Das eigentliche Vorderdeck liegt ein wenig tiefer. Die Decksplanken sind weggefault und geben den Blick in die Laderäume frei. Im Schein der Unterwasserlampe erkennen Sie wild verstreute metallene Weinfässer und allerei anderen Schrott. Genau in der Mitte des Hinterdecks, im Zentrum einer diagonalen Verstrebung, erhebt sich der Großmast bis genau 25 Meter unter die Wasseroberfläche. Vor Ihnen befinden sich jetzt die Aufbauten, besser gesagt deren Gerippe, und die durchbrochenen Metallwände. Sie können dann den Tauchgang zurück zum Heck oder durch die Aufbauten zur Steuerbordseite fortsetzen oder über die Aufbauten hinwegschwimmen. Links und rechts stehen hier die Da-

A

B

C

A - Der lange Aufenthalt unter Wasser verwandelte die Aufbauten des Schiffes in Metallgerüste, auf denen sich zahlreiche rote Gorgonien festgesetzt haben.

B - Das Heck ist der interessanteste Abschnitt des Wracks: Hier können Taucher mühelos das Ruder und die große, vierflügelige Schraube untersuchen, die mit gigantischen roten Gorgonien bewachsen sind.

C - Nachdem die hölzernen Planken verfault sind, liegen die Metallstrukturen frei und ermöglichen den Blick ins Innere.

D

E

vits, an denen einst die Rettungsboote festgemacht waren.
Die mittschiffs zusammengestauchte Basis erinnert an den Schornstein, von dem aber nur noch Ansätze zu sehen sind. Die Wand der ehemaligen Brücke fällt abrupt gegen das Vorderdeck ab. Hier liegen einige Ladebäume quer über der Gitterkonstruktion des Decks. Bei den großen Metallzylindern, die Sie hier und auf dem Hinterdeck finden, handelt es sich vermutlich um die im geschichtlichen Teil erwähnten Weinzisternen.
An dieser Stelle des Schiffs bekommen Sie eine Vorstellung vom Ausmaß der Zerstörung, die die Explosion verursacht hat. Ein Durcheinander von Eisenteilen weist zum Bug, der mit der Spitze auf dem Sand auf seiner Backbordflanke ruht.
Zur Sicherheit und Planung: Die Donator ist ein großes Wrack und liegt in erheblicher Tiefe. Wie bereits erwähnt, herrscht an dieser Stelle meist eine mittlere bis sehr starke Strömung. Um die Tauchzeit zu verlängern, sollten Sie auf der Höhe des Decks bleiben. Sie brauchen die übliche, für tiefere Tauchgänge im Mittelmeer übliche Ausrüstung, und wir empfehlen einen Luftvorrat von mindestens 3000 Litern.

F

D - Um die Prosper Schiaffino sicher zu erreichen, müssen Sie die erhebliche Tiefe des Wracks und die häufig starken Strömungen im Hinterkopf behalten. Mit den nötigen Sicherheitsmaßnahmen wird der Tauchgang jedoch zu einem aufregenden Abenteuer.

E - Die extrem heftige Explosion der Mine, die die Prosper Schiaffino traf, versenkte das Schiff nahezu augenblicklich. Während des Tauchgangs werden Sie bemerken, daß das vordere Drittel des Schiffes nur noch aus einer Masse verformten Metallschrotts besteht.

F - Der nur teilweise verstümmelte Hauptmast erhebt sich bis auf 25 Meter unter die Wasseroberfläche. Angesichts der Größe des Wracks und der häufig tückischen Strömungen empfiehlt es sich nicht, das Schiff in einem einzigen Tauchgang zu erkunden, es sei denn unter sehr günstigen Bedingungen.

TANTINE

von Kurt Amsler

Bewertung:

Ortung: schwierig
Sicht: gut bis ausgezeichnet
Strömung: häufig stark
Schwierigkeit des Tauchgangs: durchschnittlich bis hoch
Netze / Leinen: keine, die den Tauchgang stören
Historisch interessant: kaum
Fotografisch interessant: ja
Biologisch interessant: ja

Schiffstyp: schwerer Schlepper
Nationalität: französisch
Baujahr: unbekannt
Gewicht: unbekannt
Gesunken: unbekannt
Ursache: Unwetter
Position: 43° 1’ 28“ N; 6° 21’ 40“ O
Ort: nordwestlich der Insel Bagaud
Entfernung von der Küste: etwa 600 m
Minimale Tiefe: 45 m
Maximale Tiefe: 48 m

TANTINE, DAS „WRACK DER MEERAALE"

Über Geschichte und Herkunft des „Wracks der Meeraale" von Port Cros ist nichts bekannt. Bei dem Wrack handelt es sich auch nicht um ein eigenständiges Schiff, sondern nur um einen plumpen Anhänger, auf dem heckseitig ein Kran montiert war.
Das Datum des Unterganges ist nicht bekannt. Vermutlich ereignete sich der Zwischenfall, als dieser Anhänger im Schlepptau eines motorisierten Schiffes von einem Ort zum anderen gebracht wurde. Durch hohe Wellen oder die Verschiebung der Backsteinladung drohte die Tantine zu sinken. Um nicht auch den Schleppkahn zu gefährden, wurde sie von den Schlepptrossen befreit und aufgegeben.
Die Tantine ist nur etwa 20 Meter lang und sechs Meter breit. Auf dem erhöhten hinteren Teil steht ein ungefähr drei Meter hoher Kran, dessen Ausleger seit einigen Jahren auf dem Deck liegt. Das Vorderschiff ist flach, mit einer zum Teil verfallenen Reling. Die Backbordseite liegt teilweise unter einem Fischernetz. Das Wrack ist mit Backsteinen gefüllt; ob es sich um Ladung oder nur um Ballast handelt, ist nicht bekannt.

A

B

C

A - Vermutlich sank die Tantine, ein schwerer, mit einem Drehkran ausgerüsteter Schlepper, vor Port Cros, während sie einen Lastkahn im Schlepp hatte. Ein Verrutschen der Ladung dürfte den Unfall verursacht haben, was den Schlepper zum Kentern brachte.

B - Der massive Drehkran stand am Heck auf einer Art erhöhter Plattform, die ebenso breit war wie das ganze Schiff. Der Ausleger, der einst an Deck ruhte, ist inzwischen endgültig zusammengebrochen.

C - Zu Recht kennt man die Tantine als das „Wrack der Meeraale", denn zahlreiche Exemplare dieser Fische haben sich hier niedergelassen.

Es liegt auf einer Tiefe von 48 Meter vor der Insel Bagaud im Unterwasser-Nationalpark Port Cros.

Der Tauchgang zum Wrack

Bei diesem Tauchgang werden Sie weniger von dem Wrack selbst als von dessen Bewohnern fasziniert sein. Die Tantine liegt allein auf einer weiten Sandfläche. Es verwundert daher nicht, daß sich hier viele Fische angesiedelt haben, die in den Wrackteilen Unterschlupf fanden. Die spektakulärsten Gäste sind aber ohne Zweifel die Meeraale.
Die Meer- oder Congeraale erreichen eine Körperlänge von drei Metern und werden über 65 Kilogramm schwer. Die Färbung der Tiere ist graubraun bis schwärzlich, oft mit einem leicht bläulichen Schimmer. Der Bauch ist deutlich heller als der Rücken. Die langen Kiemenöffnungen reichen bis zur Bauchseite, und die Brustflossen laufen spitz zu.
Meeraale zeichnen sich durch eine ungewöhnliche Nase mit leicht vorstehendem Unterkiefer aus. Sie leben vor allem an Felsenküsten, im flachen, ruhigeren Wasser, werden aber auch in erheblichen Tiefen angetroffen. Tagsüber halten sie sich in ihren Verstecken auf, aus denen sie mit dem Oberkörper herausschauen und die Ereignisse der Umgebung registrieren. In der Nacht gehen sie auf die Jagd, wobei Krebse, Bodenfische vor allem aber Tintenfische ihre Hauptnahrung darstellen. In der Tantine braucht man die Meeraale nicht lange zu suchen. Sie hausen alle im Heckteil des Wracks, dort, wo auch der Kran steht, den sie offenbar als persönliches Eigentum übernommen haben. Wenn Sie mit der Lampe unter die Plattform des Krans leuchten, schauen Ihnen unzählige schwarze Kulleraugen entgegen. Nicht immer kommen die Tiere auch ins freie Wasser, aber erst dann erkennt man ihre wahre Größe. Viele sind über zwei Meter lang. Bitte erschrecken Sie nicht, wenn die Meeraale neugierig auf Sie zuschwimmen. Allerdings müssen wir Sie davor warnen, tote Fische als Köder mitzubringen. Es erfordert einige Erfahrung, diese Tiere zu füttern. Die Kiefer der Meeraale können kräftig zubeißen, und die Tiere verhalten sich sehr unkontrolliert, wenn sie Futter riechen.
Neben den Meeraalen leben viele andere Fische auf dem Wrack. Riesige Drachenköpfe liegen träge auf der Plattform, und unter den Eisenplatten schwimmen kapitale silbergraue Gabeldorsche (Phycis blennioides) mit ihren langen Barteln. Um das Wrack ziehen oft große Schwärme blitzend silberner Sardinen, und am Heck wimmelt es von den leuchtend orange gefärbten Fahnenbarschen (Pseudanthias squamipinnis). Damit die Sicht am Wrack nicht getrübt wird, sollten Sie jeden Kontakt zum Meeresboden vermeiden. Sie müssen sich also perfekt austarieren. Bedenken Sie bitte auch folgendes: Das „Wrack der Meeraale" liegt sehr tief, und Ab- und Aufstieg erfolgen im freien Wasser bei starken Strömungen. Es ist also ein Wrack für erfahrene Taucher.

D

D - Der Meeraal (Conger conger) ist ein sehr häufiger Knochenfisch des Mittelmeers. Diese nachtaktive Art lebt in geschützten Schlupfwinkeln und ernährt sich vorzugsweise von kleinen Krebstieren.

E

E - Etliche Wrackbewohner sind deutlich länger als zwei Meter: Trotz ihres grundsätzlich friedlichen Wesens können die Meeraale Taucher in Schwierigkeiten bringen. Vermeiden Sie hastige Bewegungen, und vor allem versuchen Sie nicht, die Fische zu füttern.

DIE WILDCAT VON LE LAVANDOU

von Kurt Amsler

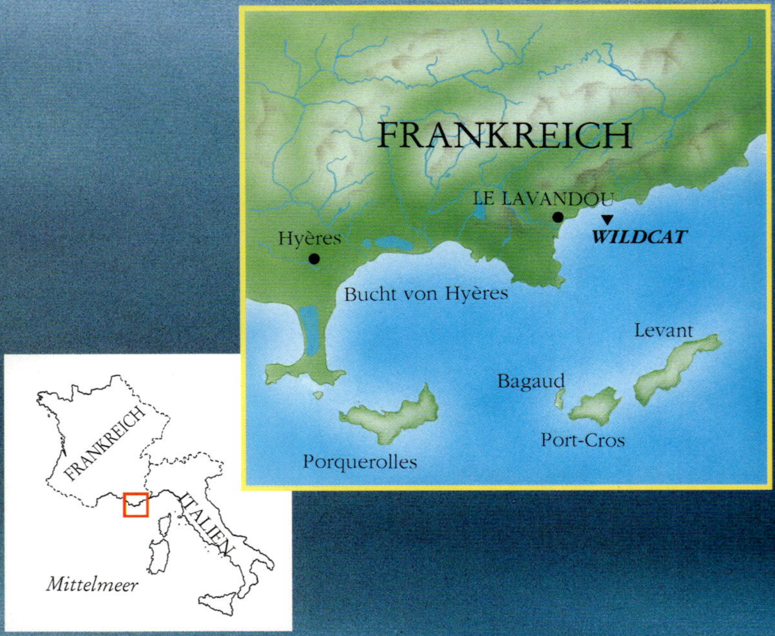

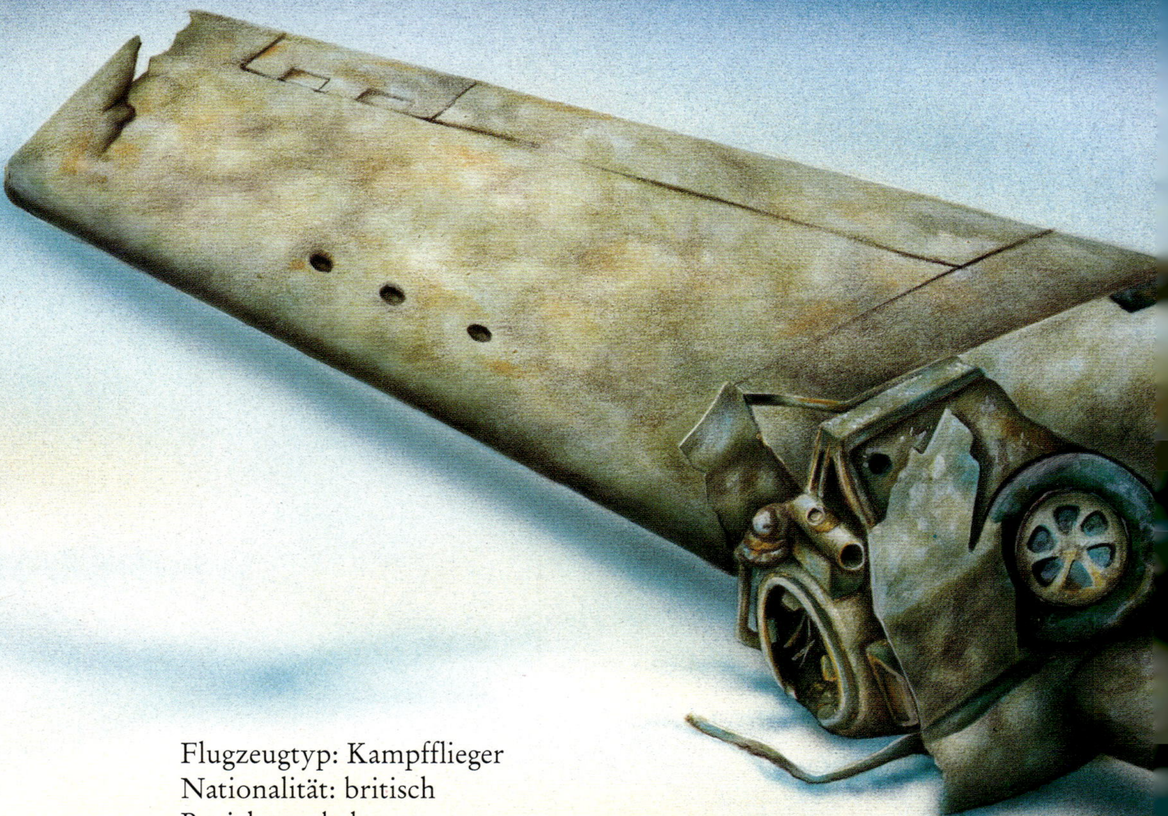

Bewertung:

Ortung: schwierig
Sicht: gut bis ausgezeichnet
Strömung: gering
Schwierigkeit des Tauchgangs: hoch
Netze / Leinen: keine
Historisch interessant: ja
Fotografisch interessant: ja
Biologisch interessant: mäßig

Flugzeugtyp: Kampfflieger
Nationalität: britisch
Baujahr: unbekannt
Flügelspannweite: 11,58 m
Länge: 8,76 m
Startgewicht: 3360 kg
Absturzdatum: unbekannt
Ursache: nach technischem Versagen ins Meer gestürzt oder im Meer entsorgt worden
Position: 43° 6' 15" N; 6° 23' 75" O
Ort: vor Formigue du Lavandou
Entfernung von der Küste: 6,48 Kilometer
Minimale Tiefe: 51 m
Maximale Tiefe: 53 m

N
51 m
53 m

DIE WILDCAT VON LE LAVANDOU

A

B

C

A - Dieses Archivbild zeigt mehrere startbereite Wildcats auf einem amerikanischen Flugzeugträger. Während der ersten beiden Kriegsjahre trug dieser kleine Kampfflugzeugtyp die Hauptlast der pazifischen Operationen.

B - Wendig, stark und gut bewaffnet, gehörte die Wildcat zu den häufigsten Träger-Kampfflugzeugen des Zweiten Weltkriegs. Hier sieht man das einziehbare Fahrwerk, das komplett im Rumpf untergebracht war.

Die Grumman F4F-4 Wildcat wurde als Jäger und Bomber eingesetzt. Ursprünglich wurde sie in den Jahren vor und nach dem Zweiten Weltkrieg in Amerika hergestellt, aber auch von den Engländern gebaut. Die Royal Navy besaß 1213 Exemplare dieses Flugzeugs, das unter dem Namen „Martlet" operierte. Diese einmotorigen Maschinen waren mit einem 14-Zylinder-Pratt & Whitney-Triebwerk von 1200 PS ausgerüstet, flogen bis zu 512 Stundenkilometer schnell und konnten bis 12 000 Meter aufsteigen. Der Operationsradius betrug 1200 Kilometer. Die Bewaffnung bestand aus sechs Maschinengewehren und zwei Bomben von 45 Kilogramm.

Über die Herkunft des Wracks sind keine verbindlichen Fakten zu bekommen. Die Maschine trägt englische Hoheitszeichen, und auch der Schriftzug „Royal Navy" wurde auf einer Verschalung gefunden. Der französische Wrackspezialist J. P. Joncheray vermutet deshalb, daß die Wildcat eines der 220 Flugzeuge ist, die von den Engländern nach dem Krieg an die Franzosen vermietet wurden. Vielleicht wurde die Wildcat von dem französischen Flugzeugträger Hermes, der sich oft in diesem Teil des Mittelmeers aufhielt, ins Meer geworfen, weil das Flugzeug beschädigt war und nicht mehr repariert werden konnte. Diese Art der Entsorgung war damals üblich. Allerdings widerspricht dieser Vermutung, daß das Fahrgestell eingefahren war, so daß man annehmen muß, daß die Maschine aufgrund eines technischen Defekts ins Meer stürzte.

Der Tauchgang zum Wrack

Das Wrack der Wildcat liegt in ostsüdöstlicher Richtung vor Fourmigue du Lavandou genau 53 Meter tief kopfüber auf dem sandigen Meeresgrund. Die Flügelspannweite beträgt 11,58 Meter und die Länge des Rumpfes 8,76 Meter. Hier, 3,5 Meilen vom Hafen Le Lavandou

D

ler sitzt noch immer auf der Nabe, die Blätter sind jedoch verbogen. Aufgrund der erheblichen Tiefe des Tauchganges ist der Besuch dieses Wracks nur erfahrenen Tauchern zu empfehlen. Es müssen keine großen Strecken zurückgelegt werden, wenn Sie den Boden einmal erreicht haben, da Sie praktisch über dem Wrack ankern. Voraussetzung für diesen Tauchgang ist aber dennoch ein Luftvorrat von 3000 Litern.

C - Ein Taucher beleuchtet die Hecktragfläche der Wildcat von Le Lavandou. Oben links erkennt man das Heckrad mit Reifen.

D - Die Wildcat liegt kopfüber auf dem sandigen Meeresgrund. Die Nase des Flugzeugs ist schwer beschädigt.

E

F

E - Gegen Kriegsende wurden mehrere Wildcats der Royal Navy von Großbritannien an Frankreich ausgeliehen. Anschließend wurden sie auf französischen Flugzeugträgern eingesetzt. Man vermutet, daß die Maschine von Le Lavandou auf der Hermes Dienst tat und über Bord geworfen wurde, als man nicht mehr glaubte, sie reparieren zu können. Dem widerspricht, daß das Fahrwerk noch eingefahren war. Es ist unmöglich, daß es sich nach dem Aufprall einzog. Aber um das Flugzeug an Deck zu bewegen, hätte man es ausfahren müssen. Es ist denkbar, daß die Wildcat in der Nähe des Flugzeugträgers ins Meer stürzte.

entfernt, ist das Wasser in der Regel sehr klar. Schon ab 30 Meter Tiefe sehen Sie die Umrisse des Wracks. Während Sie die Reste der Maschine erkunden, sollten Sie unbedingt vermeiden, das Sediment aufzuwühlen. Sehr schnell wird die Sicht durch aufgewirbelten Sand getrübt. Sie sollten sich also schon beim Abstieg gut austarieren und über dem Wrack schwebend die Einzelheiten erkunden. Besonderes Interesse weckt die Wildcat dadurch, daß sie praktisch intakt ist. Nur die Spitze wurde nennenswert beschädigt, und das Cockpit liegt offen. Vorsichtig, um keinen Sand aufzuwirbeln, leuchten Sie unter den Tragflächen mit der Lampe nach Meeraalen und Drachenköpfen, den typischen großen Wrackbewohnern. Am Heck ragen große gelbe Röhrenwürmer kontrastreich ins unendliche, blaue Wasser. Hier liegt auch der Motor unter den Hecktragflächen begraben. Er wurde offenbar aus seiner Haube gerissen, als man das Wrack mit Gewalt zerrte. Der dreiflügelige Propel-

G

F - Vermutlich wurde der große Motor der Maschine aufgerissen, als das Wrack fortgezogen wurde. Heute liegt er unter der Hecktragfläche.

G - Der dreiflügelige Propeller des Motors sitzt noch immer auf der Nabe. Der 1200-PS-Motor von Pratt & Whitney verlieh dem Flugzeug eine Höchstgeschwindigkeit von 512 Stundenkilometern.

TOGO

von Kurt Amsler

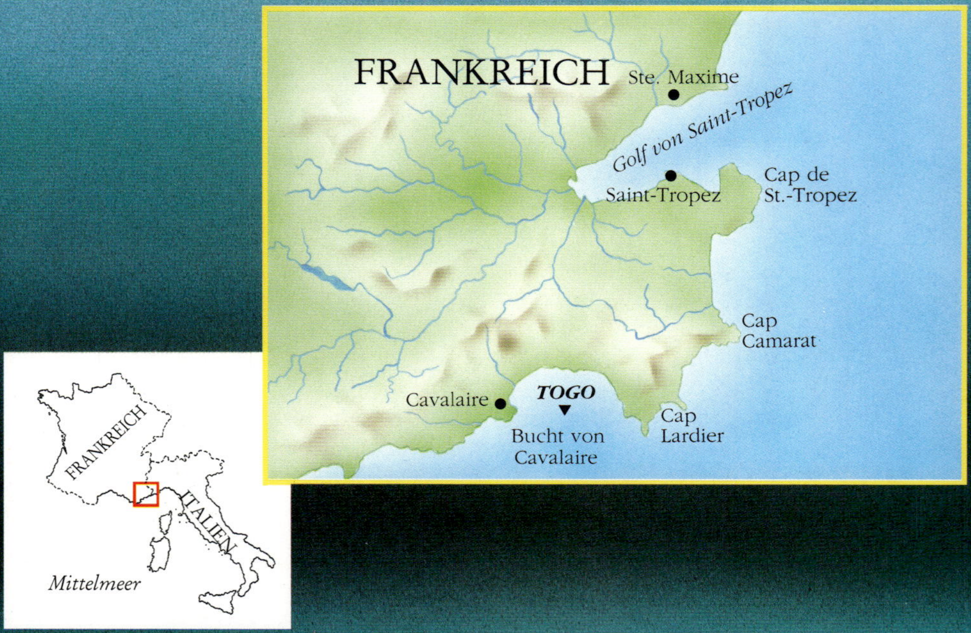

Bewertung:

Ortung: schwierig
Sicht: gut
Strömung: gering
Schwierigkeit des Tauchgangs: hoch
Netze / Leinen: keine
Historisch interessant: mäßig
Fotografisch interessant: mäßig
Biologisch interessant: mäßig

Schiffstyp: Handelsschiff
Nationalität: italienisch
Baujahr: 1882
Gewicht: 1640 Tonnen
Gesunken: 12.5.1918
Ursache: Seemine
Position: 43° 10,14’ 0“ N; 6° 16’ 26“ O
Ort: westlich der Landspitze von Dubreuil (Bucht von Cavalaire)
Entfernung von der Küste: etwa 1000 m
Minimale Tiefe: 45 m
Maximale Tiefe: 60 m

TOGO ALIAS VILLE DE VALENCE

Die Togo, ehemals Ville de Valence, wurde 1882 vom Stapel gelassen. Gebaut hatte sie die Werft Robert Thompson & Son in Newcastle. Zunächst wurde sie unter dem Namen Ville de Valence von der Compagnie Havraise Peninsulaire für den Transport spanischer Citrusfrüchte eingesetzt.

Als sie im Jahre 1906 an eine italienische Reederei aus Savona verkauft wurde, taufte man sie in Amor um, und nachdem man sie, sechs Jahre später, nach Genua verkauft hatte, trug sie den Namen Togo. Der stolze Dampfer wurde jetzt für den Transport von Kohlen eingesetzt. Die Bauart des Schiffes läßt neue Prinzipien erkennen. Es war vollkommen aus Edelstahl gebaut, hatte fünf wasserdichte Schotten und einen doppelwandigen Rumpf. Es war einerseits mit drei Masten zum Segeln ausgerüstet, wurde aber auch mit einer leistungsfähigen Maschine angetrieben.

Das Schiff war 76 Meter lang, 10,35 Meter breit und hatte ein Gewicht von 1640 Tonnen. 28 Mann waren notwendig, um den großen Frachter zu manövrieren.

Trotz aller Gefahren überstand die Togo den Ersten Weltkrieg unversehrt. Eine von dem deutschen U-Boot UC-35 gelegte Mine wurde ihr erst viel später zum Verhängnis. Am 12. Mai 1918, sechs Monate nach Kriegsende, sank die Togo in der Bucht von Cavalaire.

Lange lag das Wrack vergessen auf dem Meeresgrund. Obwohl die Fischer von Cavalaire in der geschützten Bucht meist ertragreiche Fänge hatten und auch oft mit den Netzen hängenblieben, wurde niemand neugierig, weil außer der Ramon Membru, die in der Nähe lag, kein anderes Schiffswrack bekannt war. Als dann der Biologe und Taucher Richard Calme zufällig von diesen merkwürdigen Ereignissen hörte,

A

A - Die 1882 vom Stapel gelaufene Togo war das Produkt einer Übergangstechnologie: Die Ganzmetallkonstruktion wurde von einer Dampfmaschine angetrieben, besaß jedoch zusätzlich drei Masten, mit denen sie unter Segeln fahren konnte.

begann er, das Phänomen zu untersuchen. Er ließ sich im April 1977 von den Fischern zu besagter Stelle fahren und tauchte.

Man kann sich leicht die Überraschung vorstellen, als er anstatt des erwarteten Riffs ein aufrecht auf dem Meeresboden stehendes Wrack vorfand. Als erster Mensch sah er ein wahres Naturwunder: den Rumpf eines mit den ungewöhnlichsten Lebensformen bewachsenen Schiffes. Die aus dem Wrack allmählich geborgenen Gegenstände gaben bald Aufschluß über seine Herkunft: Es war die Togo alias Ville de Valence.

Der Tauchgang zum Wrack

Meiner Ansicht nach ist die Togo eines der schönsten und größten Wracks des ganzen Mittelmeers. Der größte Teil ist ca. 60 Meter lang, aber nicht ganz intakt. Einige Teile des Hecks, darunter auch der etwa zehn Meter lange Teil mit der Schraube, liegen weit vom Hauptschiff entfernt in über 60 Meter Tiefe. Der Frachter liegt aufrecht auf dem Sandgrund. Die höchsten Teile des Decks liegen 47 Meter, der Bug 55 Meter tief. Jeder Taucher bekommt zuerst einen Schreck, wenn er aus der Halbdämmerung das leuchtende Wrack auftauchen sieht. Die Togo wirkt tatsächlich gewaltig und ist über und über mit zerbrechlichen Gorgonien bewachsen. Die zwischen den Aufbauten dahinziehenden Fischschwärme bieten einen umwerfenden Anblick. Es empfiehlt sich, an den Öffnungen an Deck zu bleiben, denn der hohe Schiffsrumpf und der darunterliegende Sand bieten nichts Interessantes. Außerdem würde der Aufenthalt in dieser Tiefe die gesamte Tauchzeit zu stark verkürzen.

Beginnen Sie den Tauchgang beim Bug. Links und rechts von der Ankerwinde liegen fast symmetrisch die beiden Stockanker an ihren Ketten über der Reling. Der Bug läuft in einer Spitze aus, und die Schiffs-

B

B - Ein Taucher beleuchtet einen Lüftungsgang. Im Vordergrund erkennt man die große, elliptische Öffnung, über der einst der Schornstein stand.

wände fallen acht Meter senkrecht ab. Einige kleinere Aufbauten mit den oben abgerundeten Fenstern schließen den Bugteil der Togo ab. Jetzt erreichen Sie das Vordeck mit den großen Ladeluken. Mit der Lampe können Sie die riesigen Räume ausleuchten. Es lohnt sich aber nicht hinabzutauchen, da sie außer einigen Resten der ehemaligen Kohleladung leer sind. Der Weg über das Vordeck beträgt ungefähr 20 Meter, bis Sie die Aufbauten des Mittelschiffes erreichen. Nun haben Sie die Gelegenheit, links oder rechts davon durch eine Arkade von Gorgonien zu tauchen. Dieses eindrucksvolle Naturwunder sollten Sie unbedingt von beiden Seiten betrachten. In der Mitte klafft eine riesige Öffnung: Hier stand einmal der hohe Schornstein. An Steuerbord und an Backbord ragen hier die Aufhängevorrichtungen der Rettungsboote, die sogenannten Davits, in die Höhe. Sie sind mit roten Gorgonien bewachsen. In den Räumen der ehemaligen Aufbauten entdecken Sie noch allerlei Überreste der Inneneinrichtung, wie Waschtröge und Toiletten. Quer über der Steuerbordseite liegt auch einer der Masten. Nur wenig weiter heckwärts wurde das Wrack scharf durchtrennt. Wie von der Hand eines Riesen zerrissen, öffnen sich die Seiten in die unendliche, blaue Weite des Meeres.

Sie müssen natürlich den Tauchgang zur Togo sehr sorgfältig planen. Vor allem sollten Sie Ihre persönliche Sicherheit im Auge behalten und die verfügbare Zeit präzise kalkulieren. Bei der enormen Größe des Wracks ist es wichtig, den Auftrieb exakt einzustellen.

Für einen vollständigen Rundgang müssen Sie auf der Höhe des Decks bleiben, da sonst die Tauchzeit zu kurz wird. Um Probleme in dieser Tiefe zu vermeiden, sollten Sie Ihren Luftvorrat sorgfältig überprüfen.

C

C - Hinter dem Taucher liegt ein Mast über der Steuerbordseite des Schiffs. Rechts befindet sich eine Ankerwinde, und links erkennt man den Davit eines Rettungsboots.

D

D - An bestimmten Stellen sind die Platten der Togo vollständig mit Gorgonien-Kolonien bewachsen.

E

E - Ein Taucher hat die Stufen entdeckt, die ins Schiffsinnere hinunterführen, und beleuchtet nun neugierig die Öffnung einer Luke mit seiner Lampe.

F

F - Die Togo ist nahezu vollständig von roten Gorgonien bedeckt. Sie machen den ohnedies anregenden Tauchgang zu einem unvergeßlichen Abenteuer.

RUBIS

von Kurt Amsler

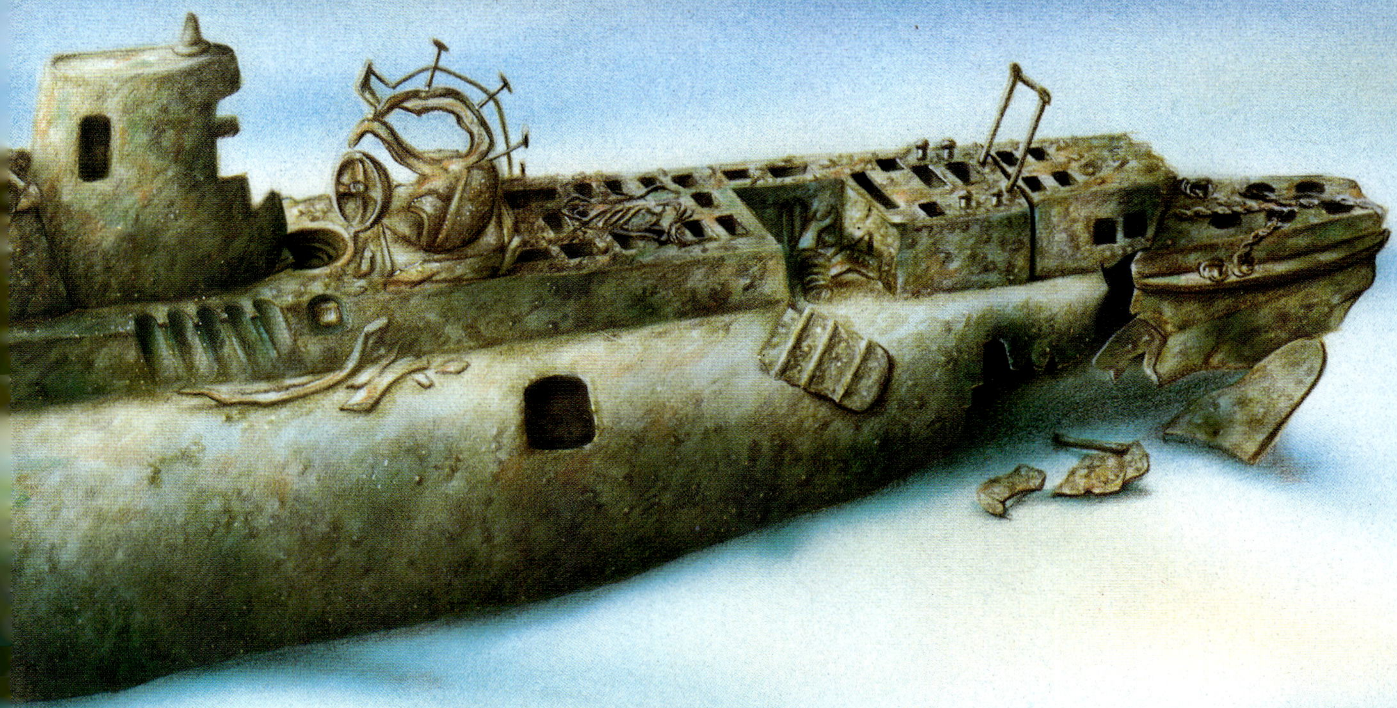

Bewertung:

Ortung: schwierig
Sicht: gut bis ausgezeichnet
Strömung: manchmal sehr stark
Schwierigkeit des Tauchgangs: hoch
Netze / Leinen: keine
Historisch interessant: ja
Fotografisch interessant: ja
Biologisch interessant: mäßig

Schiffstyp: Minenleger-U-Boot
Nationalität: französisch
Baujahr: 1931
Gewicht: 762 Tonnen
Gesunken: 31.1.1958
Ursache: als Übungsziel für französische Marinetaucher versenkt
Position: 43° 11' 37" N; 6° 42' 10" O
Ort: unweit des Kaps von Camarat
Entfernung von der Küste: 2,6 Kilometer
Minimale Tiefe: 34 m
Maximale Tiefe: 41 m

RUBIS

A

B

C

Das französische U-Boot Rubis wurde 1925 entworfen, im Jahre 1931 vom Stapel gelassen und ein Jahr später in Dienst gestellt. Gebaut in der Marinewerft von Toulon, war die Rubis das vierte U-Boot einer Serie von sechs Schiffen. Der Prototyp der Klasse, die Saphir, wurde 1930 erbaut. Ihr folgten die Turquoise, die Nautilus, die Rubis, die Diamant und 1937 dann die Perle.
Diese Klasse von Unterseebooten war dafür vorgesehen, Feindgebiete zu verminen, ohne auftauchen zu müssen. Zudem konnte sie Torpedos abfeuern. Sämtliche 32 Minen des Unterseeboots waren außerhalb des Druckkörpers unter einer hydrodynamischen Verschalung untergebracht. In acht Schächten jeder Bordseite standen jeweils zwei Minen übereinander. Am Bestimmungsort wurden die Minen mit Druckluft ausgeklinkt. Die Gewichtsveränderung erforderte natürlich ein schnelles Nachtrimmen des U-Boots, um nicht im Feindgebiet

A - Dieses historische Foto zeigt die Rubis in den Gewässern vor Toulon. Nach ihrer ruhmreichen Laufbahn während des Zweiten Weltkriegs wurde sie in den französischen Hafen gebracht und diente dort bis 1958 Unterseeboot-Kadetten als schwimmende Schule.

B, E - Diese Zeichnungen der Rubis, des vierten einer Reihe von sechs Unterseebooten, zeigen ihre perfekte, moderne und außerordentlich hydrodynamische Silhouette.

C - Zwei Schweizer Geschütze standen als wirkungsvolle Flugabwehr auf dem Deck der Rubis.

an die Oberfläche getrieben zu werden. Im Gegensatz zu den älteren U-Boottypen, bei denen die Minen durch Schleusen abgesetzt wurden, reduzierte sich dieses Risiko durch die äußere Anbringung ganz erheblich. Die Minen wurden von Sauter & Harley hergestellt und enthielten nicht weniger als 220 Kilogramm Sprengstoff. Nachdem sie in Position und an einer Kette fest verankert waren, stiegen diese todbringenden Kugeln automatisch an die Oberfläche.
Die Viertakt-Sechszylindermotoren des Unterseeboots stammten von Vickers-Armstrong und entwickelten bis zu 650 PS. Unter Wasser benutzte das Schiff zwei Schneider-Elektromotoren, die ihm eine Maximalgeschwindigkeit von acht Knoten verliehen. Die Rubis konnte bis zu 50 Meter tief tauchen und in einer Periskoptiefe von 15 Metern operieren. Auf Deck waren zwei Schweizer Oerlicher-Kanonen montiert; außerdem war die Rubis mit fünf Torpedos bewaffnet, die vom Heck aus abgefeuert werden konnten. Ursprünglich waren alle sechs Unterseeboote in Toulon stationiert, doch wurde die Rubis 1936 nach Cherbourg verlegt, damit ihre Besatzung in den Tiefen des Atlantischen Ozeans das Minenlegen üben konnte. Anfang 1939 schickte man das Schiff ins Mittelmeer zurück, wo es in dem tunesischen Hafen Biserta stationiert wurde, damals noch eine französische Kolonie. Später wurde sie zur neunten U-Bootflotte von Dundee (Schottland) abgestellt. Unter dem Kommando Kapitän Georges Cabaniers nahm die Rubis Anfang 1940 ihre ersten Befehle entge-

D

E

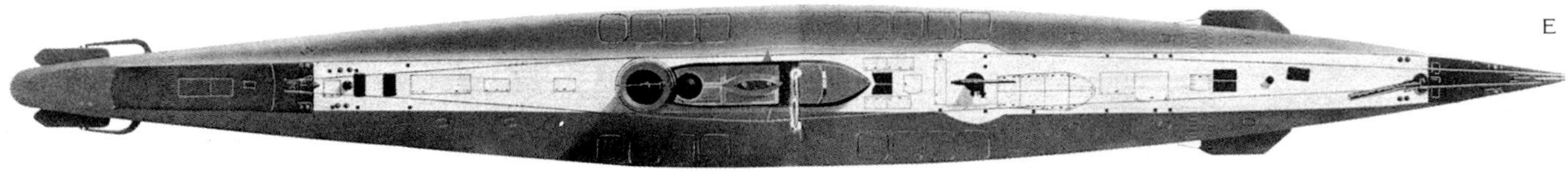

F

G

D - Georges Cabanier, der Kommandeur des französischen Unterseeboots, sucht den Horizont durch das Periskop ab. Die Rubis konnte 50 Meter tief tauchen und in einer Periskoptiefe von 15 Metern operieren.

F - Das Leben an Bord eines Unterseeboots war rauh und spartanisch, doch gab es auch angenehme Momente. Dieser kleine Hund war das Schiffsmaskottchen.

G - Zwei Matrosen überprüfen die Torpedorohre.

gen. Diese alliierte Operation zielte darauf ab, Finnland bei einem eventuellen Angriff der Russen beizustehen.

Am 9. April 1940 wurden Dänemark und Norwegen völlig unerwartet von der deutschen Wehrmacht besetzt. Die Alliierten begannen sofort mit der Verminung der norwegischen Gewässer. Sie wollten damit den Transport von Stahl und anderer Metalle, die für die deutsche Kriegsführung unverzichtbar waren, unterbinden. Alle verfügbaren Unterseeboote wurden dabei eingesetzt. Am 3. Mai verminte die Rubis gemeinsam mit anderen Schiffen den Zugang zum Egersund-Fjord an der norwegischen Küste. Nach zwei weiteren Missionen in denselben Gewässern rief die französische Admiralität alle Schiffe zurück, die an der Verminungsaktion beteiligt waren. Nur die Rubis blieb dort, um eine letzte Mission abzuschließen - die Verminung des Trondheim-Fjords, in dem ein bedeutender Teil der deutschen Nordseeflotte vor Anker lag. Nach der Unterzeichnung des Waffenstillstands zwischen Frankreich und Deutschland am 22. Juni sowie zwischen Frankreich und Italien am 24. desselben Monats wurde das Schiff von den Briten beschlagnahmt. Fortan kämpfte es unter britischer Flagge mit derselben Besatzung und unter demselben Kapitän auf Seiten der französischen Widerstandsbewegung. Die Nachforschungen in bestimmten Dokumenten über diese militärischen Operationen ergaben, daß dieses Unterseeboot im Laufe von 28 Missionen 683 Minen legte und in dieser Zeit 15 Versorgungsschiffe, sieben U-Bootjäger und einen 4360-Tonnen-Frachter versenkte sowie ein anderes Unterseeboot schwer beschädigte.

Ende des Krieges bereitete man der Rubis in Toulon einen triumphalen Empfang, und die Besatzung wurde mit den höchsten französischen und britischen Orden dekoriert. Nach

A

A - Dieses Foto zeigt einen typischen Moment in der Alltagsroutine des Unterseeboots: Zwei Seeleute überprüfen ein Anzeigeinstrument.

B

B - Diese Aufnahme zeigt das Herz der Rubis: den Maschinenraum. Der Viertakt-Sechszylindermotor wurde bei Vickers-Armstrong gebaut. Unter Wasser wurde das Schiff von zwei Schneider-Elektromotoren angetrieben.

C

C - General de Gaulle inspiziert die Mannschaft der Rubis. Am Ende des Krieges kehrte das Unterseeboot, nachdem es überwiegend im Mittelmeer und in der Nordsee operiert hatte, nach Toulon zurück, wo die gesamte Besatzung mit den höchsten französischen und britischen Orden ausgezeichnet wurde.

einer gründlichen Überholung benutzte die französische Marine die Rubis noch viele Jahre als Übungsschiff. Im Jahre 1950 wurde sie in eine schwimmende Schule für Unterseeboot-Kadetten umgebaut und diente später als Ortungsziel bei Echolot-Übungen. Am Ende ihrer langen, glorreichen Karriere ersparte man der Rubis das unrühmliche Ende des Abwrackens. Am 31. Januar 1956 wurde sie vor Cap Camarat, zwischen Cavalaire und St. Tropez, versenkt. Damit blieb ein Stück der turbulenten Geschichte des 20. Jahrhunderts erhalten. Das Wrack erwies sich als besonders interessant, so daß es im Laufe der Jahre unzählige Taucher anlockte. Zudem spielt es noch immer eine bedeutende militärische Rolle als Ortungsziel für die Sonarsysteme, die bei Übungen von Marineschiffen eingesetzt werden.

Der Tauchgang zum Wrack

Heute liegt die Rubis aufrecht auf sandigem Meeresgrund in einer Tiefe von 40 Metern, beinahe so, als hätte man sie absichtlich so hingelegt. Trotz der erheblichen Tiefe ist das Wrack bei klarem Wasser beinahe von der Oberfläche aus zu sehen. Wie bei fast allen anderen U-Boot-Wracks ist auch das der Rubis vom Nimbus des Geheimnisvollen umgeben, was sich sofort auch auf den Taucher überträgt. Möglicherweise wird dieser Eindruck durch die Lage des Wracks noch verstärkt: Das auf seinem Kiel liegende Unterseeboot sieht aus, als wollte es demnächst einen unsichtbaren Feind an-

D

D - Ein Taucher untersucht die Netzsäge, die bei dem französischen Unterseeboot noch heute vorhanden ist.

E

E - Der Turm der Rubis ist noch gut erhalten und daher ausgezeichnet zu erkennen. Heute ist er von zahlreichen Juwelen-Fahnenbarschen (Pseudanthias squamipinnis) umgeben.

A

A - Das Heck des Unterseeboots - hier von einem Taucher beleuchtet - ist noch unversehrt.

B - Diese Fotos zeigen die Platten der Rubis, die jedoch - anders als bei den meisten Wracks des Mittelmeers - nicht von der Meeresvegetation bewachsen sind.

B

C

C - Durch die Risse im Rumpf der Rubis - es sind einige Platten abgefallen - erkennt man die wassergefüllte Höhlung zwischen der äußeren und der inneren Hülle, mit deren Hilfe Trimmung und Tauchtiefe des Unterseeboots eingestellt wurden.

D - Einem schlafenden Riesen ähnlich liegt die Rubis aufrecht auf dem sandigen Meeresgrund, als wartete sie nur auf den Befehl, die Maschinen zu starten und zu einer neuen Mission aufzubrechen.

D

E

F

G

H

E, F - Ein Tauchgang zur Rubis ist eine einzigartige Erfahrung. Insbesondere dann, wenn man alle Details vom Turm bis zu den Minenschächten und von den Torpedorohren bis zu den Fahrstühlen erkundet, werden die ruhmreichsten Momente in der Laufbahn dieses Juwels der französischen Marine wieder lebendig.

G - Die offene Luke scheint den Taucher einzuladen, das Innere des Unterseeboots zu erkunden und seine verborgenen Geheimnisse zu lüften. In Wirklichkeit ist der Durchgang jedoch zu eng, um mit dem Atemgerät einzudringen. Zudem senkt die erhebliche Sedimentierung im Inneren die Sicht auf praktisch Null.

H - Am Heck, in der Nähe der Trimmungstanks, mit denen das Schiff seine horizontale Lage beibehielt, ruht sich ein Taucher aus.

greifen. Man hat wirklich das Gefühl, die Elektromotoren der Rubis würden von einem Moment zum nächsten starten und das Schiff davonfahren.

Das Wrack ist noch gut erhalten, auch wenn verschiedene Teile davon, der Turm, die Gechützplattform und die Abdeckung der Minenkästen, langsam zerfallen. Die Platten der Rubis sind weniger stark bewachsen als jene des naheliegenden Wracks der Togo. An den Bordseiten haben sich jedoch Gorgonien und Schwämme angesiedelt, und in den Röhren, Spalten und Nischen leben viele kapitale Meeraale, Muränen und Drachenköpfe. Mehr als der Bewuchs und der Fischreichtum fasziniert den Taucher an der Rubis etwas anderes: Beim Anblick des Turms, der Minenschächte, der Torpedorohre, des Tiefenruders und der Netzsäge auf dem Bug läuft vor dem geistigen Auge quasi ein Film über die Einsätze des U-Bootes ab, das jetzt seinen letzten Ankerplatz auf dem Meeresgrund gefunden hat. Allerdings sollte weder die Anziehungskraft noch der Anblick der Rubis den Taucher davon abhalten, Sicherheitsmaßnahmen zu beachten. Sie sollten die Tauchgänge sorgfältig planen. Das Wrack ist 66 Meter lang, so daß beide Seiten in einem einzigen Tauchgang erkundet werden können. Es empfiehlt sich nicht, das Unterseeboot durch die enge Luke zu betreten – erstens, weil 15-Liter-Flaschen oder Doppelflaschen zu sperrig sind, und zweitens, weil die Sicht durch das Sediment im Inneren sofort auf Null reduziert wird. Zudem sollte man nicht vergessen, daß um Cap Camarat zu bestimmten Jahres- oder Tageszeiten starke Strömungen auftreten. Dies sollten Sie vor dem Tauchgang überdenken.

DIE PINASSEN VON ANTHÉOR

von Kurt Amsler

Bewertung:

Ortung: durchschnittlich schwer
Sicht: gut
Strömung: gering
Schwierigkeit des Tauchgangs: durchschnittlich
Netze / Leinen: keine
Historisch interessant: ja
Fotografisch interessant: ja
Biologisch interessant: ja

Schiffstyp: Flußkähne
Nationalität: französisch
Baujahr: unbekannt
Gewicht: 352 Tonnen (Jean Suzon), 338 Tonnen (St. Antoine)
Gesunken: 31.1.1944
Ursache: Torpedotreffer
Position: 45° 25' 38" N; 6° 54' 35" O
Ort: vor dem Leuchtturm von Ballise de la Chretienne
Entfernung von der Küste: 1,67 Kilometer
Minimale Tiefe: 26 m
Maximale Tiefe: 36 m

DIE PINASSEN VON ANTHÉOR

A

Während des Zweiten Weltkriegs wurden für Munitionstransporte der deutschen Besatzungsmacht sogenannte „Plattboote" eingesetzt. Diese Schiffe schwammen normalerweise auf Flüssen, wie die Seine oder Loire. Sie waren alles andere als seetüchtig und schipperten darum auch nur der Küste entlang von Marseille bis Genua.
Ihre Ladung war dafür umso brisanter. Bis zur Wasserlinie waren sie mit Geschützmunition und Artilleriegranaten gefüllt. Diese Transporte waren für die Wehrmacht sehr wichtig und zugleich extrem gefährlich, so daß man sie stets mit einem schwerbewaffneten Begleitboot oder mit Flugzeugen eskortierte. Auf den Hecks der Schiffe waren zur Fliegerabwehr schwere Maschinengewehre montiert.

Bei der Jean Suzon und der St. Antoine nützte diese Vorsichtsmaßnahme leider nichts. Am 31. Januar 1944 wurden die im Konvoi fahrenden Schiffe auf der Höhe des Seezeichens Ballise de la Chretienne, zwischen Agay und Anthéor, von einem U-Boot entdeckt. Damit war ihr Schicksal besiegelt. Genau um 11.30 Uhr wurden beide Schiffe von drei Torpedos getroffen und sanken innerhalb weniger Minuten. Ein vierter Torpedo verfehlte sein Ziel und detonierte an der Felsenküste. Heute weiß man, daß die Schiffe von dem britischen U-Boot Untiring versenkt wurden.
Lakonisch wurde im Kriegstagebuch des Admirals der deutschen Besatzungsmacht folgendes aufgezeichnet: „31. Januar, Frühdunst, schwach windig, mäßige Sicht, Barometerstand 1016 Millibar. Fährprähmen Jean Suzon und St. Antoine von drei Torpedos vor Cap Roux getroffen und versenkt. Besatzung durch Begleitschiff gerettet. Torpedojäger Cannes bei der U-Bootjagd auf Grund gelaufen. Einsatz um 19 Uhr erfolglos abgebrochen."
Einen Nachtrag zu dem Ereignis liest man auf der nächsten Seite des Kriegstagebuchs:
„Nachtrag zur Torpedierung der Jean Suzon und St. Antoine: ein Toter, drei Verletzte, sieben Vermißte."

B

C

A - Wie dieses ungewöhnliche Archivfoto belegt, stiegen mehrere Taucher nur wenige Jahre nach Kriegsende zu den Wracks vor Anthéor hinab. Wie man sieht, standen die Maschinengewehre noch immer auf ihren Stützen.

B - Obwohl die Kraft der Explosion die beiden gedrungenen Schiffe buchstäblich zerlegte, blieb der Heckabschnitt eines der Schiffe - komplett mit dem Ruder - unversehrt.

C - Die Jean Suzon und die St. Antoine erwischte es am 31. Januar 1944: Sie wurden von den Torpedos des britischen Unterseeboots Untiring versenkt.

Der Tauchgang zum Wrack

Die Überreste der beiden Schiffe liegen zwischen 24 und 32 Meter tief auf einem mit Algen bewachsenen, abfallenden Meeresboden. Was auf den ersten Blick wie Bug, Heck und das zerstörte Mittelschiff eines einzigen großen Schiffes aussieht, ist in Wirklichkeit das Heck und ein hinterer Teil zweier ineinander verschmolzener, fast vollkommen zerstörter Schiffe. Der Schiffsfriedhof umfaßt eine Fläche von etwa 100 mal 100 Metern.

Während Sie von einem Teil zu dem anderen schwimmen, wird die Gewalt der Explosion erst deutlich: Der ganze Meeresgrund ist in weitem Umkreis mit Trümmerstücken bedeckt. Die Torpedotreffer haben einen ganzen Teil der geladenen Munition in die Luft gejagt, aber dennoch liegen die großkalibrigen Granaten zu Hunderten im Heck und um das Wrack herum verstreut. Die tödliche Gefahr ist jedoch gebannt. Im Laufe der Zeit haben sie ihre Sprengkraft verloren, sind durchgerostet und nicht mehr explosiv.

Der Tauchgang beginnt an dem 27 Meter tief liegenden Heck. Das Ruder über der kleinen Schraube wurde beschädigt und ist nach Steuerbord eingeschlagen; achten Sie auf die altertümliche Steuerung mit dem langem Gestänge und einem Handrad. Das Heck ist plump und bullig, charakteristisch für Lastkähne der damaligen Zeit. Die Aufbauten auf dem Heck zeigen deutliche Alterserscheinungen: Ein großer Teil ist weggebrochen und liegt neben dem Wrack. Es lohnt sich, durch das offene Heck in den Laderaum vorzudringen und mit der Lampe in die Ecken und Nischen zu leuchten. Das Wrack beherbergt nämlich unzählige Muränen und Meeraale sowie Drachenköpfe von stattlicher Größe.

An der Steuerbordseite liegen auch zahlreiche Granaten. Wie große Rüben quellen sie aus dem Schiffsbauch oder dessen Resten. Die zum Teil hohlen Geschoßmäntel dienen jetzt den Muränen als willkommener Unterschlupf, und manchmal sind gleich zwei oder drei Tiere in einem Loch zu sehen. Von der Steuerbordseite, in einem Winkel von 45 Grad dem leichtabfallenden Grund entlang schwimmend, überqueren Sie ein wahres Trümmerfeld zerborstener Eisenteile. Man kann sich nur schwer vorstellen, daß dies alles einmal zwei getrennte Schiffe waren. Beim genaueren Inspizieren dieses Durcheinanders entdecken Sie Schienenteile und umgekippte Rollwagen, die für den Transport der schweren Granaten in und aus den Laderäumen dienten.

Der Trümmerhaufen weist den Weg zum zweiten Wrackteil in 32 Metern Tiefe. Es ist der Bug entweder der Jean Suzon oder der St. Antoine. Das bullige Vorschiff ist etwa acht Meter lang und besitzt weder Kiel noch Steven: die typische Form der schwerfälligen Lastschiffe, die das Wasser verdrängen und nicht zerschneiden. Die Ankerwinde, Poller, Klüsen, Taue und Beschläge sind noch an ihrem Platz.

Um kein Risiko einzugehen, sollten Sie bedenken, daß beide Wrackteile nur betaucht werden können, wenn Sie lange Strecken unter Wasser zurücklegen. Sie müssen am Anker des Tauchboots starten, das gesamte Gebiet abschwimmen und zum Ausgangspunkt zurückkehren. Falls ein Begleitboot Ihren Luftblasen folgt, können Sie sich - natürlich nach einer angemessenen Dekompressionsphase - in der offenen See aufnehmen lassen. Starke Strömungen sind in dieser Gegend selten.

D

D - Das große rechteckige Ruder eines der beiden Schleppkähne wurde durch den Aufprall auf den Meeresgrund teilweise ausgehängt, befindet sich aber noch an seinem Platz.

E

E - An der rechten Seite dieses Fotos erkennt man den Metallbau, der einst das fehlende Rad des Schiffes trug.

F

F - Ein Taucher schwebt über einem Teil des ziemlich antiquierten Steuerhebels eines der beiden Lastkähne.

DIE B-17 – DIE FLIEGENDE FESTUNG VON CALVI

von Kurt Amsler

Bewertung:

Ortung: durchschnittlich schwer
Sicht: gut
Strömung: gering
Schwierigkeit des Tauchgangs: einfach
Netze / Leinen: keine
Historisch interessant: ja
Fotografisch interessant: ja
Biologisch interessant: kaum

Flugzeugtyp: Bomber
Nationalität: amerikanisch
Baujahr: unbekannt
Flügelspannweite: 31,62 m
Länge: 22,66 m
Startgewicht: 29 710 Kilogramm
Absturzdatum: 14.2.1944
Ursache: feindliche Flieger
Ort: vor der Zitadelle von Calvi
Entfernung von der Küste: 200 m
Minimale Tiefe: 23 m
Maximale Tiefe: 27 m

N
23 m
27 m

DIE B-17 - DIE FLIEGENDE FESTUNG VON CALVI

Jahrelang blieb die Geschichte der sogenannten „Fliegenden Festung" unbekannt. Ihre offizielle Version stammt offenbar von Paul Valeani, dem „Vater" dieses Flugzeugs, der in den sechziger Jahren bei Calvi ein Tauchzentrum unterhielt. Valeani war der erste, der sich für die Geschichte des Flugzeugs interessierte, und er investierte Aberdutzende von Tauchgängen, um die Fakten zu rekonstruieren. Schließlich löste auch einer seiner Artikel, der in einem Lokalblatt erschienen war, offizielle Nachforschungen aus. Unter den 5000 Verlustmeldungen amerikanischer Flugzeuge, die über dem Mittelmeer abgestürzt sind, war über diese eine B-17 nichts zu erfahren. Also schickte man einen in Deutschland stationierten, amerikanischen Experten nach Calvi, der Valeani nach Spuren zu dem Unfallhergang befragte. Schließlich stolperte der Taucher über eine Brieftasche. Sie enthielt eine Hundemarke aus rostfreiem Stahl, wie sie von Piloten um den Hals getragen wurden. Dadurch konnte man endlich die wahre Geschichte rekonstruieren. Man muß zugeben, daß Valeanis Version den tatsächlichen Fakten sehr nahe kam. Allerdings hatte er die Explosion um den Spätsommer des Jahres 1943 angesiedelt, einige Monate früher als in Wahrheit.
Die Fliegende Festung war eine in Süditalien stationierte B-17-G mit der Seriennummer 4231044. Am 14. Februar 1944 startete sie unter dem Kommando von Frank Chaplick zu ihrer letzten Mission. Die Maschine gehörte zu einem Verband von Tep-

A

B

C

A - Die B-17 war der berühmteste amerikanische Bomber des Zweiten Weltkriegs. Das seit 1943 gebaute Modell G lief als letztes von den Fließbändern der Firma Boeing. Insgesamt wurden 12 731 „Fliegende Festungen" des Modells B-17 produziert.

B - Das Wrack der B-17 liegt vor dem korsischen Hafen von Calvi in einer Tiefe von etwa 25 Metern. Die „Fliegende Festung" ist noch in gutem Zustand und bietet - vor allem dank der Flügelspannweite von über 30 Metern - einen bemerkenswerten Anblick.

C - Die B-17 war ein Symbol der amerikanischen Militärmacht. Dies gilt insbesondere für das Modell G: Es hatte ein Startgewicht von beinahe 30 Tonnen, verteidigte sich mit 30 Maschinengewehren, konnte knapp acht Tonnen Bomben tragen und besaß eine Reichweite von 3220 Kilometern.

pichbombern, der Dutzende weiterer Fliegender Festungen umfaßte und von Kampffliegergeschwadern begleitet wurde. Während sich die Bomber ihrem Ziel näherten, wurde die Flugroute korrigiert, und „unsere” B-17 - sie flog außen in der Formation - wurde von den anderen Maschinen isoliert. Sogleich griffen feindliche Kampfflieger an, zerstörten einen der Motoren und beschädigten die Kompressoren der beiden anderen. Die Fliegenden Festungen waren für ihre Stabilität und ihr Durchhaltevermögen bekannt. Sie konnten beinahe unglaubliche Schäden einstecken und trotzdem weiterfliegen. Der erste Angriff war jedoch verheerend: Der Funker und der linke Frontschütze waren tot, der obere Turm war funktionsunfähig. Der Bordschütze des unteren Turms war leicht, der Heckschütze schwer verletzt, und die Sauerstoffmasken des Piloten und des Navigators waren unbrauchbar geworden. Das Flugzeug konnte sich also nicht mehr selbst verteidigen und hätte den Angriffen der Kampfflieger nicht länger standhalten können. Als dann der Heckschütze dem Piloten durchgab, daß seine Kräfte zu Ende gingen, entschied der Kapitän, die Bombenladung abzuwerfen. Dies gelang gerade noch rechtzeitig, denn gleich darauf wurde der Rumpf vom Geschoßmantel einer 20-Millimeter-Kanone durchdrungen, die vermutlich die gesamte Ladung zur Explosion gebracht hätte. Schließlich ließen die feindlichen Flugzeuge von ihrer Beute ab, und die B-17 wurde von drei P-47 eskortiert. In ihrem Zustand konnte die Maschine unmöglich ihren Stützpunkt erreichen. Also nahm man Kurs auf Korsika, während das Flugzeug über dem Mittelmeer ständig an Höhe verlor. Schließlich kam der Flugplatz von Calvi in Sicht, doch war die Landebahn für eine Fliegende Festung zu kurz und zudem von Bergen umgeben. Nachdem Chaplick die Landeerlaubnis bekommen hatte, unternahm er einen ersten, erfolglosen Versuch, die Maschine zu

D

E

F

D - Auf dieser Ansicht erkennt man das runde, unmittelbar hinter dem Cockpit gelegene Loch, in dem sich einst der obere Turm befand. Diese mechanisch betriebene Einheit war mit zwei 12,7-Millimeter-Maschinengewehren bewaffnet.

E - Obwohl die verglaste Spitze des Bombers beim Aufprall auf das Wasser zerstört wurde, ist die Kabine noch ziemlich intakt. In einigen Fenstern blieb sogar das Glas erhalten.

F - Ein Taucher über der Abdeckung des oberen Turms. In der Umgebung des Innendurchmessers sieht man noch den Zahnkranz, mit dessen Hilfe er gedreht wurde.

landen und mußte dann wieder auf See abdrehen. Zu diesem Zeitpunkt arbeitete nur noch der innere rechte Motor, und selbst dieser bärenstarke 1200-PS-Wright-Cyclone war mit den 27 Tonnen der Fliegenden Festung überfordert. Schon tauchte vor der Maschine die unüberwindliche Zitadelle auf, doch da hatte der Pilot bereits beschlossen, sein Flugzeug notzuwassern. Etwa 500 bis 700 Meter vor dem Landepunkt warf er die restliche Munition, etwa eine Tonne, ab. Als die Maschine die Wellen berührte, zog Chaplick ihre Nase hoch, um sie mit dem Heck abzubremsen. Es gelang ihm tatsächlich, das riesige Flugzeug aufs Wasser zu setzen, doch brachen dabei die Schwanztragflächen ab. Zwei Minuten trieb die Maschine auf den Wellen, lange genug für die sechs Überlebenden, den Rumpf zu verlassen und die sich selbst entfaltenden Rettungsflöße ins Wasser zu werfen. Bald darauf wurden die Männer vom Britischen Seenotrettungsdienst aus dem Wasser gefischt, und ihr Abenteuer war beendet. Inzwischen war die Fliegende Festung verschwunden: Sie glitt 25 Meter tief und legte sich zwischen den Felsen und einem Posidonia-Feld auf Grund. Die Leichen der drei Flieger versanken mit ihr.

Als Paul Valeani in den sechziger Jahren zum Wrack hinuntertauchte, war das Flugzeug noch immer ausgezeichnet erhalten, und nichts war berührt worden. Zwei funktionierende Maschinengewehre waren noch an Ort und Stelle, eines vorn, das andere hinten.

Der Tauchgang zum Wrack

Günstige Umgebungsbedingungen und der allgemein gute Zustand des Flugzeugs machen die Fliegende Festung von Calvi auch fünfzig Jahre nach ihrem Untergang zu einem der aufregendsten Tauchziele unter den Flugzeugwracks. Der Tauchgang ist wirklich einfach. Gefährlich sind allenfalls die zahlreichen Boote, die während der Sommermonate ständig kommen und gehen, denn hier verläuft von Süden kommend die Anfahrtsroute nach Calvi. Den aufregendsten Anblick bekommen Sie, wenn Sie etwas näher an der Küste tauchen und sich dabei in derselben Richtung bewegen wie das Flugzeug. Schon in wenigen Metern Tiefe erkennen Sie den großen Vogel mit seinen voll ausgebreiteten Flügeln, ein wirklich erregender Anblick. Die B-17 hatte eine Spannweite von 31,60 Metern, und die Flügel sind völlig unversehrt. Bedenkt man, daß ein Flugzeug wesentlich zerbrechlicher gebaut ist als ein Schiff, ist dies keineswegs selbstverständlich. Sobald Sie näher kommen, erblicken Sie die vier Motoren.

A

B

C

A - Die B-17-G wurde von vier luftgekühlten Cyclone-Motoren des Typs Wright R-1820-97 angetrieben. Sie hatten neun sternförmig angeordnete Zylinder, und jeder von ihnen leistete 1200 PS. Bei maximaler Leistung verliehen sie dem schweren Bomber eine Höchstgeschwindigkeit von 462 Stundenkilometern.

B - Der Bombenschütze - er war für den Abwurf verantwortlich - und der vordere Schütze waren im Bugabschnitt untergebracht, der bei der B-17 von Calvi verlorenging.

C - Diese Aufnahme zeigt deutlich das große, einfahrbare Heckrad, das beim Notwassern aus dem Rumpf gerissen wurde.

Sie sind noch alle vorhanden, obwohl der erste auf der rechten Seite (von vorn aus gesehen links) auf den Sandboden gefallen ist. Leider wurden die meisten Propellerblätter entfernt. Es sind nur noch eines vom inneren linken Motor und drei vom rechten inneren Motor vorhanden. Die ersten Fotos aus den sechziger Jahren zeigen den Werdegang des Wracks. Die fehlenden Blätter waren gerade und die des inneren rechten Motors dagegen verbogen. Dies geschieht normalerweise dann, wenn ein Flugzeug mit laufenden Propellern notwassern muß. Demnach lief also allein der innere rechte Motor, der seine Blätter noch besitzt. Wie schon erwähnt, sind die Flügel mit ihren abgerundeten Spitzen beeindruckend groß. Sie können die mit Plexiglas ausgestatteten Lampen an den Vorderkanten erkennen. Die Nase wurde beim Wassern und beim Aufschlag auf dem Meeresgrund zerstört. Das Cockpit ist noch ausgezeichnet erhalten und wirkt mit seinen beiden Metallsitzen und den dazwischenliegenden Kontrollinstrumenten besonders eindrucksvoll. Eine der Glasscheiben befindet sich noch in der Kanzelabdeckung, die andere ist verschwunden. Hinter dem Cockpit sehen Sie eine kreisförmige Öffnung - hier befand sich der obere Turm. Obwohl die Kanzel und das Gewehr fehlen, ist der „Ausguck" noch da. Einige Meter weiter hinten wurde der Rumpf aufgeschlitzt, so daß Sie hineinschauen und hineinschlüpfen können - aber mit der nötigen Vorsicht, denn hier ist es sehr eng. Der Bewuchs, der den gesamten Rumpf überzogen hat, zeigt phantastische Farben, vor allem Rot-, Orange- und Blautöne. Unter den Wrackteilen finden Sie immer noch die unglaublich haltbaren Reste der Fallschirme, die immerhin 50 Jahre im Salzwasser überstanden haben. In Richtung offener See (hier befinden Sie sich 27 Meter tief) stoßen Sie in einiger Entfernung auf die Reste des Hecks sowie auf das linke Heckrad, das sogar noch seinen Reifen trägt.

D

D - Nur der innere rechte Motor trägt noch alle drei Dural-Propellerflügel. Sie wurden stark nach hinten verformt, was dafür spricht, daß beim Aufschlag auf das Wasser nur noch dieser Motor lief.

E

E - Ein Taucher untersucht das große Landelicht an der Vorderkante des linken Flügels. Man beachte die unbeschädigte Verkleidung aus Plexiglas.

F

F - Beim Notwassern mußte der Pilot im letzten Moment die Nase hochziehen, damit der Schwanz zuerst das Wasser berührte und den Aufprallwinkel etwas glättete. Dies erklärt, warum der Rumpf der B-17 von Calvi in der Mitte abgeschnitten wurde.

G

G - Das Innere des Cockpits zeigt noch einige der Originalinstrumente und die nebeneinander stehenden Sitze des Piloten und des Copiloten. Davor erkennt man die Gashebel für die vier Motoren.

DIE VICKERS VIKING VON MORTOLI

von Kurt Amsler

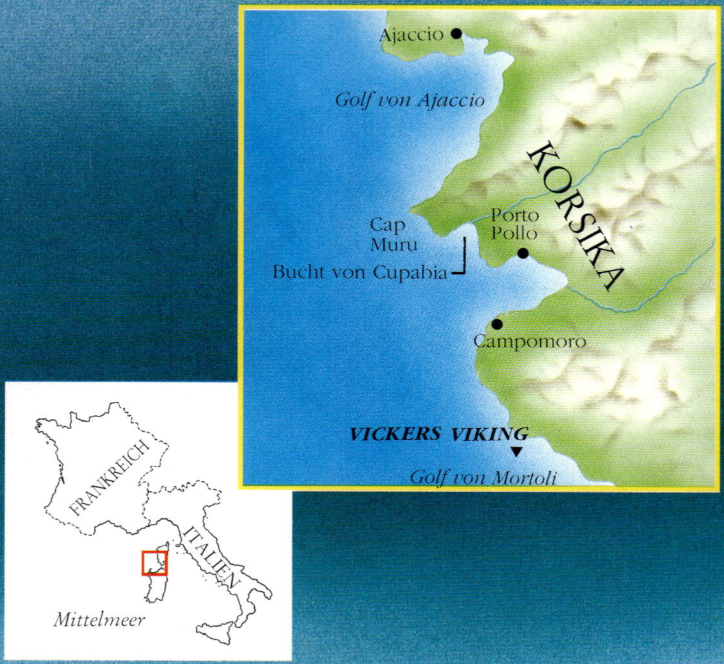

Bewertung:

Ortung: durchschnittlich schwer
Sicht: ausgezeichnet
Strömung: gering
Schwierigkeit des Tauchgangs: einfach
Netze / Leinen: keine
Historisch interessant: mäßig
Fotografisch interessant: ja
Biologisch interessant: mäßig

Flugzeugtyp: Trägerflugzeug
Nationalität: Großbritannien
Baujahr: unbekannt
Flügelspannweite: 27,12 Meter
Länge: 19,86 Meter
Startgewicht: 15 422 Kilogramm
Absturzdatum: unbekannt
Ursache: Motorversagen
Position: 41° 31' 21" N; 8° 52' 21" O
Ort: 256° Insel Latoniccia,
149° Landspitze von Mortoli
Entfernung von der Küste: 200 Meter
Minimale Tiefe: 11 Meter
Maximale Tiefe: 13 Meter

N
11 m
13 m

DIE VICKERS VIKING VON MORTOLI

A

A - Die Vickers Viking wurde Anfang 1946 eingeführt und gehörte zu den erfolgreichsten zivilen Mittelstrecken-Transportflugzeugen, die die britische Flugzeugindustrie in den ersten Nachkriegsjahren hervorbrachte. Bis Mitte der fünfziger Jahre wurden 161 Exemplare intensiv genutzt.

In den fünfziger Jahren flog eine Vickers Viking über Südkorsika. Sie hatte ungewöhnliche Passagiere an Bord: die berühmten Schlittschuhläufer der Revue „Holiday on Ice". Es handelte sich um eine zweimotorige Viking 491 des britischen Herstellers Vickers Armstrong Ltd. aus dem Jahre 1946. Dieses Flugzeug war mit dem Wellington-Bomber nahe verwandt, der sich im Zweiten Weltkrieg große Verdienste erworben hatte. In der Kabine hörte man das unverwechselbare Dröhnen der beiden 1690 PS starken Bristol Hercules 634 Sternmotoren - Musik in den Ohren eines Flugzeug-Enthusiasten. Aber gerade diese Motoren waren das Problem dieser besonderen Viking. Als die Maschine an Höhe verlor, mußte der Pilot blitzschnell einen Platz für eine Notlandung finden. Der lange Strand von Mortoli schien sich anzubieten, und der Pilot drückte das Flugzeug hinunter, bis es den Sand streifte. Zu seinem Entsetzen merkte er plötzlich, daß auf halber Strecke entlang des Strandes Felsen im Weg lagen. Die restliche Landebahn war viel zu kurz und endete mit Kliffen, gegen die er unweigerlich stoßen würde. Da die Motoren es noch zuließen, zögerte er nicht, wieder aufzusteigen, nahm Kurs auf die See und wollte dort notwassern. Rasch zog er das Fahrgestell wieder ein, und als der Rumpf die Wellenspitzen berührte, zog er die Nase ein wenig hoch, um das Flugzeug mit dem Heck zu bremsen. Obwohl der Abschnitt des Leitwerks dabei zerstört wurde, gelang das Manöver perfekt. Der Rumpf trieb jedenfalls so lange auf dem Wasser, daß sämtliche Passagiere und die Besatzung ins Wasser springen und an die nahe Küste schwimmen

B

B - Wie ein gewaltiger unwirklicher Vogel mit ausgebreiteten Schwingen liegt die Viking vor dem Strand von Mortoli in nur 13 Metern Tiefe auf dem Sandboden. Das Foto zeigt die Spannweite von über 27 Meter.

konnten. Die Maschine versank, wenn auch nicht sehr tief: nur 13 Meter auf den weißem Sand, inmitten eines Posidonia-Rasens. Es waren keine Todesopfer zu beklagen, weshalb die Nachricht von diesem Unfall nur wenig Interesse erweckte. In diesem Fall widmeten ihr die Tageszeitungen nur einen einzigen Artikel - und dies vor allem wegen der Popularität der Künstlergruppe. Anschließend war das Ereignis praktisch vergessen. Inzwischen hatte die örtliche Flora und Fauna auf dem sandigen Meeresboden einen neuen Lebensraum gefunden und begonnen, das Wrack zu besiedeln. Im Laufe der nächsten zehn Jahre kamen Taucher zum Wrack, die jedoch leider die Propeller durchsägten und mitnahmen. Davon abgesehen blieb das Wrack jedoch unversehrt. Es bildete die Kulisse für den hervorragenden Kurzfilm „Mare Nostrum", der beim Unterwasser-Festival von Antibes gezeigt wurde.

Der Tauchgang zum Wrack

Es ist nicht leicht, die genaue Lage der Maschine zu orten, denn sie entspricht nicht der Position, die Joncheray in seinen interessanten Wrackbüchern angibt. Während der Sommermonate treffen Sie jedoch häufig Taucherboote an, die über dieser Stelle ankern, zumal sie unter den Stammgästen des Strandes von Mortoli gut bekannt ist. Dieses

C

C - Die Kabine hat die Notwasserung praktisch unbeschadet überstanden. Die Besatzung der Viking umfaßte normalerweise fünf Personen.

D

E

D - Die Vickers Viking konnte, je nach innerem Ausbau und Länge des Fluges, zwischen 24 und 36 Passagieren befördern. Die maximale Reichweite betrug 2735 Kilometer.

E - An der Stelle, an der der Flügel in den Rumpf übergeht, hat sich nahe der Vorderkante ein Teil der Metallhaut abgelöst. So wird der ungewöhnliche Aufbau sichtbar, den man von dem berühmten Wellington-Bomber übernommen hatte.

A

A - Ein Taucher schwebt über dem großen Steuerbordmotor. Im Laufe ihrer langen Karriere war die Viking das erste kommerzielle britische Flugzeug, das von Düsen angetrieben wurde. Im Jahre 1948 wurde ein Exemplar eigens mit zwei Rolls-Royce Nene-Düsen umgebaut.

Wrack ist besonders leicht zugänglich und läßt sich leicht betauchen. Vielleicht gehört es zu den wenigen, die sogar ein einfacher Schwimmer noch deutlich erkennen kann. Die Unabhängigkeit, die das Atemgerät vermittelt, ermöglicht Ihnen, alle seine Geheimnisse, sogar im Inneren des Flugzeugs, zu erforschen. Ich möchte Ihnen nur einen einzigen wichtigen Tip geben: Ankern Sie nicht unmittelbar über dem Wrack. Leider habe ich selbst einmal gesehen, wie sich der Anker eines Segelboots darin verfangen hatte und beim Hochziehen ein großes Stück der Metallhülle wegriß. Das Wasser ist unglaublich klar, so daß das Wrack an einigen Tagen vom Begleitboot aus zu sehen ist, ohne daß man auch nur den Kopf ins Wasser tauchen müßte. Einen noch eindrucksvolleren Anblick bekommen Sie, wenn Sie sich vor der Nase der Maschine treiben lassen: Das Flugzeug scheint auf Sie zuzufliegen. Die Spannweite ist beachtlich (genau 27,12 Meter), und von einem bestimmten Blickwinkel aus, in dem der Heckabschnitt verborgen bleibt, erscheint die Viking praktisch unversehrt. Aufgrund der geringen Tiefe und des begrenzten Umfelds, in dem das Wrack liegt, können Sie es ganz gemächlich in allen Einzelheiten untersuchen. Rechts ist die Nase etwas beschädigt, möglicherweise durch den Aufprall auf den Meeresboden. Die Flügel blieben fast unbeschädigt, die beiden höchst interessanten Sternmotoren sind noch an Ort und Stelle, obwohl ihre Propeller fehlen. Die aerodynamische Verkleidung der Motoren setzt sich zum Heck hin fort und nimmt das Fahrgestell auf. Deutlich können Sie den großen Reifen erkennen, der in jedem Flügel untergebracht war. Es ist möglich, sich das Innere des Rumpfes durch die lange Fensterreihe hindurch anzusehen, doch sollten Sie gleich zum Heck schwimmen, wo das Heckleitwerk hart abgetrennt wurde. Von hier gelangen Sie leicht ins Innere, zumal

B

B - Die Vickers Viking wurde von zwei luftgekühlten 14-Zylinder-Sternmotoren des Typs Bristol Hercules 634 angetrieben, die jeweils 1690 PS erzeugten. Sie verliehen der Maschine eine Reisegeschwindigkeit von 338 Stundenkilometern.

C - Das Innere des geräumigen Rumpfes ist heute vollständig leer. Die Sitze und alle anderen Einrichtungsgegenstände sind verschwunden, so daß man mühelos bis ins Cockpit durchschwimmen kann.

C

D, E - Ähnlich der Kabine ist auch das Cockpit nahezu vollständig leer. Schon vor langer Zeit wurden die Sitze und ein großer Teil der Instrumente von den üblichen Souvenirjägern entwendet.

F - Die Gondel des linken Motors wurde teilweise abgedeckt. Durch die Öffnung erkennt man den großen Reifen am Fahrgestell.

D

E

F

die sperrigen Sitze verschwunden sind. Der Rumpf bietet sich als ein langer, leerer Tunnel dar, dessen Aluminiumplatten durch den Bewuchs von Schwämmen, Bryozoen, Seescheiden und Anneliden bereichert wurden. Auch viele Fische haben die Maschine zu ihrer Wohnung gemacht.

Ohne das Sediment mit den Flossen aufzuwühlen, erreichen Sie das Cockpit. Dank der großen Fenster ist es gut beleuchtet, und die umherhängenden Kabel erzeugen eine besondere Atmosphäre. Leider wurden die Instrumente ebenso wie die Sitze entfernt. Wer sich aber für Flugzeuge interessiert, wird Abertausende winziger Einzelheiten für sich entdecken können, die nur ein sorgfältiges, geschultes Auge wahrnehmen kann. Leider hat der Bewuchs im Laufe der Zeit alle Hinweise zur Identifizierung des Flugzeugs zerstört.

DIE CANADAIR VON SAGONE

von Andrea Ghisotti

Bewertung:

Ortung: schwierig
Sicht: ausgezeichnet
Strömung: gering
Schwierigkeit des Tauchgangs: durchschnittlich
Netze / Leinen: keine
Historisch interessant: kaum
Fotografisch interessant: mäßig
Biologisch interessant: kaum

Flugzeugtyp: Löschflugzeug
Nationalität: französisch
Baujahr: unbekannt
Flügelspannweite: 28,60 m
Länge: 19,82 m
Startgewicht: 19 731 Kilogramm
Absturzdatum: 3.9.1971
Ursache: Schäden am Rumpf
Position: 42° 06' 07" N; 8° 41' 13" O
Ort: Turm von Sagone 8°,
Landspitze von Triu 273°
Entfernung von der Küste: 200 m
Minimale Tiefe: 29 m
Maximale Tiefe: 32 m

N
29 m
32 m

DIE CANADAIR VON SAGONE

A - Ein Taucher erkundet den hinteren Abschnitt der Canadair, die am 3. September 1971 in den Golf von Sagone stürzte.

B - Die Maschine liegt auf dem Rücken in einer Tiefe von 32 Metern. Leider wurde das Cockpit vollständig zerstört, als die Maschine mit der Nase voran aufschlug.

Alljährlich kommt es im Mittelmeerraum zu jenen wohlbekannten Waldbränden, die weite Teile der Waldgebiete zerstören, und während der Sommermonate sind die Zeitungen leider voll davon. Das wirkungsvollste Mittel zur Bekämpfung dieser Brände sind die Löschflugzeuge, die viele von uns schon in Aktion gesehen haben, wenn auch nur im Fernsehen. Der Flugzeugtyp, der im gesamten Mittelmeerraum und in vielen anderen Ländern für diesen Zweck zum Einsatz kommt, ist die CL215, die bei Montreal von Canadair gebaut wird. Dieser Typ wird normalerweise durch den Firmennamen identifiziert. Die CL215 unternahm ihren Jungfernflug am 23. Oktober 1967 und hatte bald den Ruf einer robusten, leistungsfähigen Maschine. Der wasserdichte Rumpf ist schwimmfähig und wird von zwei Auftriebskörpern an den Flügelspitzen waagerecht gehalten. Das Fahrgestell ist teilweise in den Rumpf eingezogen, so daß die Maschine auch auf trockenem Land niedergehen kann und zu einem echten Amphibienflugzeug wird. Die Canadair wurde von zwei 18-Zylinder-Double Wasp CA3-Sternmotoren von Pratt & Whitney angetrieben, die ihr eine Startleistung von 2100 PS verliehen. Ihre beiden Wassertanks hatten ein Fassungsvermögen von insgesamt 5346 Litern, die, während das Flugzeug über der Wasseroberfläche schwebt, in nur wenigen Sekunden aufgefüllt werden. Wer einmal bei den Löscharbeiten zugesehen hat, wird bemerkt haben, wie schnell die Tanks gefüllt werden - und wie langsam die Maschine fliegt: In wenigen Augenblicken sind die Tanks voll, aber es dauert beinahe ewig, bis sie das Wasser zum Feuer transportiert hat und zum Nachfüllen zurückgekehrt ist. Dennoch legt ein jedes dieser Flugzeuge den Weg vom Meer zum Feuer bis zu 200 Mal am Tag zurück. Wir alle verdanken diesen Maschinen sehr viel, und sie haben in ihrer 25jährigen Laufbahn schon weite Waldstrecken gerettet.

Die Geschichte der Canadair von Sagone begann wie viele andere Sommer-Alarme: Auf den Hügeln, die den Golf von Sagone umgeben, war am 2. September 1971 nördlich von Ajaccio ein Feuer ausgebrochen. Als es nicht gleich gelang, das Feuer zu löschen, forderte man am nächsten Morgen die Hilfe der Zivilgarde und zwei Canadair-Maschinen an. Eines davon trug die Registriernummer F-Z BBG, Seriennummer 1025, und den Namen Pélican 25. Die Maschine - sie stand unter dem Kommando von Jean-Paul Patillaud - hatte ihre erste Ladung schon über den Flammen abgeworfen und kehrte in die Bucht zurück, um ihre Tanks wieder aufzufüllen. Während sich der Pilot auf das komplizierte Manöver konzentrierte, über das Wasser zu gleiten und das Flugzeug dabei waagerecht zu halten, bediente Copilot Jacques Lebel die Befüllungsanlage. Plötzlich bremste die Maschine jäh ab, die Nase tauchte ins Wasser, und das Heck erhob sich in die Luft. Unter Schock, aber unverletzt gelang es den beiden Piloten, aus dem Cockpit zu klettern und ins Meer zu springen, wo sie von einem vorüberfahrenden Boot gerettet wurden. Inzwischen hatte sich das Flugzeug wieder aufgerichtet und trieb noch eine Weile an der Oberfläche. Die Barkasse Saint-Appien der Gendarmerie Maritime konnte dicht heranfahren und bemerkte einen langen Riß in dem wasserdichten Bauch der Canadair. Schließlich sank die Maschine 32 Meter tief auf den Meeresgrund. Die Nase wurde beim Aufprall beschädigt. Anschließend wurden die Motoren und ein großer Teil der Bordausrüstung geborgen, und man ließ das Flugzeug in Ruhe. Die Ursache des Unfalls war vermutlich ein Defekt in einem der Wassereinlaßschächte.

Der Tauchgang zum Wrack

Das Wrack der Canadair ist nicht leicht zu orten. Es liegt etwa 200 Meter vor der Nordküste der Bucht in einiger Entfernung vom Sandstrand, der die Ostseite umgibt. Sie sparen sich viel Mühe, wenn Sie unmittelbar den „Club Subaquatique de Sagone" im Strandhotel von Cyrnos aufsuchen, der regelmäßig Expeditionen zu dem Wrack organisiert. Der Sandboden ist 32 Meter tief und das Wasser sehr klar. Der Tauchgang ist also leicht, und Sie können das Wrack schon nach den ersten paar Metern erblicken. Je weiter Sie absteigen, desto deutlicher werden die Umrisse, bis Sie schließlich den umgedrehten Rumpf und das im Sand vergrabene Heck deutlich ausmachen können. Wie immer bei kleineren Wracks, lohnt es sich, das ganze Gebiet im offenen Wasser abzuschwimmen, ehe Sie zum Grund hinabtauchen. Dadurch bekommen Sie eine wesentlich genauere Vorstellung von der Gesamtform und können gute Übersichtsaufnahmen machen, ehe das Sediment durch Kontakt aufgewühlt wird. Da das Vorderteil der Maschine zerstört ist, gelangen Sie sofort in den Abschnitt mit den Wassertanks. Einer der Wassereinlaßschächte, vermutlich jener, der den Unfall verursachte, fehlt, der andere ist geschlossen. Von vorn dringen Sie mühelos in den Rumpf ein. Dieser ist allerdings - abgesehen von dem üblichen Bewuchs auf den Metallplatten und einer Sedimentschicht auf dem Boden - vollkommen leer.

D

E

F

G

C - Dieses Foto zeigt die Wassertanks, die rasch gefüllt werden konnten.

D - Die vorn am Flugzeug gelegenen Metallteile wurden zerrissen und verformt.

E - Ein Taucher beleuchtet die Markierungen der Pélican 25.

F - Es ist immer aufregend, in ein Wrack einzudringen. Dieses Bild zeigt den teilweise leeren, teilweise mit Sand gefüllten Rumpf.

G - Ein Taucher erkundet das Innere der Canadair. Nur wenig blieb hier erhalten. Diese Aufnahme zeigt den Vorderabschnitt der Maschine, der teilweise von den Wassertanks ausgefüllt wird.

Das Fahrgestell ist außerordentlich interessant. Zwei große Reifen tragen Metallplatten mit Angaben über den Hersteller. Das unversehrte Heck liegt unter dem Sand begraben. Obwohl die Motoren fehlen, sind die Flügel noch in gutem Zustand und tragen noch ihre Air-Force-Abzeichen. Unter einem Flügel ist ein prächtiger Zackenbarsch (Epinephelus alexandrinus) eingezogen. Er läßt sich von den Tauchern nicht aus der Ruhe bringen.

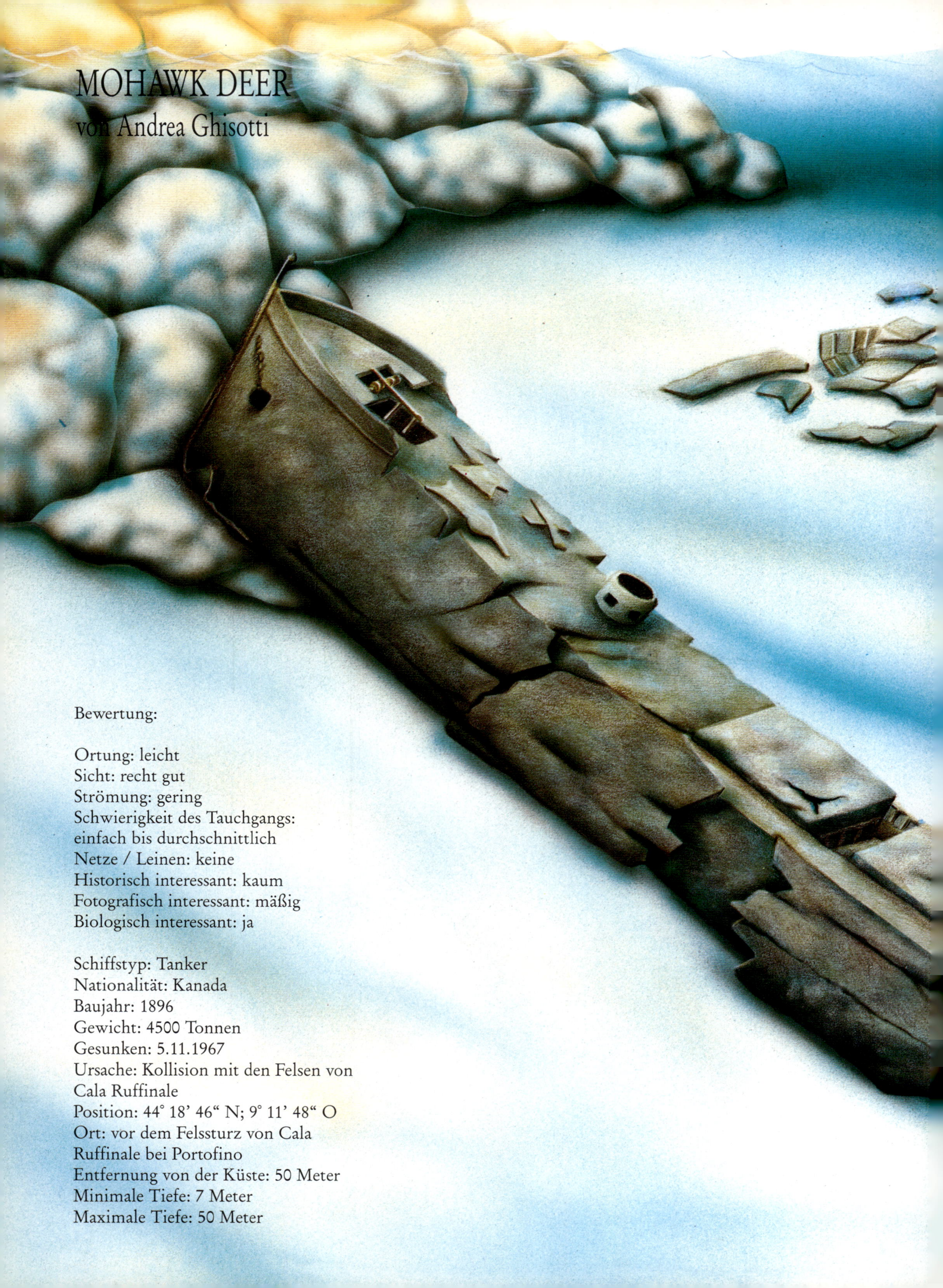

MOHAWK DEER

von Andrea Ghisotti

Bewertung:

Ortung: leicht
Sicht: recht gut
Strömung: gering
Schwierigkeit des Tauchgangs: einfach bis durchschnittlich
Netze / Leinen: keine
Historisch interessant: kaum
Fotografisch interessant: mäßig
Biologisch interessant: ja

Schiffstyp: Tanker
Nationalität: Kanada
Baujahr: 1896
Gewicht: 4500 Tonnen
Gesunken: 5.11.1967
Ursache: Kollision mit den Felsen von Cala Ruffinale
Position: 44° 18’ 46“ N; 9° 11’ 48“ O
Ort: vor dem Felssturz von Cala Ruffinale bei Portofino
Entfernung von der Küste: 50 Meter
Minimale Tiefe: 7 Meter
Maximale Tiefe: 50 Meter

ITALIEN
Ligurien
RAPALLO
PORTOFINO
CHIAVARI
SESTRI
LEVANTE
MOHAWK
DEER
Punta Manara
N
7 m
50 m
FRANKREICH
ITALIEN
Mittelmeer

MOHAWK DEER

„Mohawk Deer" war ein seltsamer Name für ein ziemlich unattraktives Schiff, einen alten kanadischen Tanker von 4500 Tonnen. Er war im Jahre 1896 vom Stapel gelaufen und in Montreal registriert. Nach einer langen, aber anonymen Karriere lag die Mohawk Deer auf der anderen Seite des Ozeans und wartete auf die Schneidbrenner eines Schrottplatzes bei La Spezia. Es war der November 1967. Mit der letzten Reise des schon abgetakelten Schiffes aus dem Hafen von Genua war der jugoslawische Schlepper Yunak betraut worden. Es herrschte jedoch schlechtes Wetter, und der Wind mit dem Namen Libeccio würde nach den Vorhersagen während der folgenden Stunden noch zunehmen. Dennoch bestand der Kapitän der Yunak darauf, mit zwei Schiffen im Schlepptau aufzubrechen, der Mohawk Deer und der Makawell, einem 2600- Tonnen-Schiff. Vor dem Küstenvorsprung von Portofino war die Wetterlage schon ernst, und die Belastung der Schleppseile war immerhin so stark, daß das robuste Stahlkabel riß und die Mohawk Deer sich selbständig machte. Mit der Dünung und einem zweiten Schiff im Schlepptau war es ausgeschlossen, die Mohawk Deer zu bergen, und so funkte der Kapitän der Yunak um Hilfe. Es war der 5. November, ein Sonntag, und da das führerlose Schiff unbemannt war, ließ man sich mit den Rettungsmaßnahmen Zeit. Wie üblich verhandelten die Bergungsschiffe mit der Versicherungsgesellschaft über die Bergungskosten, und als endlich zwei Genueser Schlepper eintrafen, war es schon zu spät: Die Wellen hatten die Mohawk Deer auf jenen Teil des Küstenvorsprungs geworfen, der als „Cala Ruffinale" oder „Cala deli Inglese" bekannt ist. Man konnte nichts weiter tun als den Todeskampf des Schiffes zu beobachten, das immer wieder gegen die Felsen geworfen wurde,

A

A Roma un altro strepit

SI RIPETONO LE CONDIZIONI ATMOSF
DRAMMATICA GIORNATA DELLO S

Lunedì - 6 novembre 1967

La Riviera
Ligure flagellata dal maltempo: a Portofino una nave...

Nave in agonia sugli scogli di Portofino

B

CONTINUA L'ONDATA DI MALTEMPO

Lunedì 6 novembre 1967

VIOLENTA MAREGGIATA IN LIGURIA
Allarme a Venezia e in tutto il litorale

Danni nelle città e nelle campagne - Una nave cisterna è affondata a Portofino -
In aumento il livello dei fiumi - Allagamenti a Firenze - Neve in alta montagna

C

schließlich in zwei Teile zerbrach und buchstäblich von den Wellen zerschmettert wurde.

Zwar erwog man anfangs noch, die Reste des Schiffes zu bergen, doch hätten die Kosten dieser Operation den Schrottwert des Metalls, schätzungsweise etwa einhundert Millionen Lire, noch übertroffen. Also ließ man das Schiff, wo es war, und dieses fügte sich mit der Zeit in das Unterwasser-Panorama des Küstenvorsprungs ein. Sobald die See ruhiger wurde, begannen Taucher, das Wrack zu besuchen, doch fand man kaum mehr als die Positionslichter und einzelne Ausrüstungsgegenstände, was sich zu bergen gelohnt hätte. Der Fockmast ragte noch über mehrere Monate stolz aus den Wellen hervor, ehe er unmittelbar unter die Wasseroberfläche versank. Das Heckteil war leicht zu orten, denn das Wrack war bei seinem Todeskampf immer wieder gegen das Gestein geprallt. Diese Scharten haben sich mit Metallsplittern gefüllt, die auch heute noch, nach dreißig Jahren, Rost abscheiden und die Aufschlagstelle rötlichbraun färben. Die beiden Teile des Wracks liegen etwa einhundert Meter voneinander entfernt, der Bug weiter westlich zum Zentrum der Bucht, das Heck dagegen weiter östlich.

Ein besseres Geschenk hätte man den Tauchern Italiens nicht machen können: Das Wrack ist zum Betauchen wie geschaffen. Der Tauchgang beginnt in flachem Wasser und ist daher für Anfänger ideal, doch führt er auch in erhebliche Tiefen. Es ist ein großes, erinnerungsträchtiges Wrack mit eindrucksvollem Bug. Zudem sind die leeren Laderäume, die glücklicherweise niemals zu einer Umweltkatastrophe Anlaß ga-

A, B - Diese Zeitungen stammen aus der Zeit, als die Mohawk Deer unterging. Dramatische Fotos hielten die letzten Momente des kanadischen Tankers fest.

C - Um beide Abschnitte der Mohawk Deer vollständig zu erkunden, benötigen Sie wenigstens zwei Tauchgänge - wenn Sie auch die Laderäume erkunden möchten, sogar drei.

ben, vollständig zugänglich. Und schließlich war der Meeresboden vor der Havarie nicht besonders aufregend: ein Kieselbett mit wenigen verstreuten Felsen, die aufs Meer hinauslaufen. Das Wrack ist zu einem außerordentlich interessanten Treffpunkt geworden, und Tausende von Tauchern, die es heute alljährlich besuchen, haben es zu einem der beliebtesten des ganzen Mittelmeers gemacht.

Der Tauchgang zum Wrack

Wenigstens zwei Tauchgänge sind nötig, um die Mohawk Deer zu erkunden, und wenn Sie auch die Heizkessel sehen wollen, sogar drei - allerdings ist dieser Tauchgang den Experten vorbehalten. Am wenigsten beschädigt und am attraktivsten ist der Bugteil, insbesondere dann, wenn Sie von der Küste her kommen. Wenn Sie sich in Richtung der offenen See halten, stoßen Sie bald auf den schnurgeraden, senkrechten Bug, wie er bei den Schiffen der Jahrhundertwende üblich war. Dies ist ein atemberaubender Anblick, besonders wenn es sich um Ihr erstes Wrack handelt. Der höchste Punkt, eine kurze, an den Bug geschweißte Flaggenstandarte, befindet sich in einer Tiefe von 16 Metern. Am besten steigen Sie entlang der Außenseite hinab, wobei Sie an den beiden großen Trossenlöchern vorbeikommen. Im Backbordexemplar fehlt der Anker, obwohl die Kette noch vorhanden ist. Durch die Wasserbewegungen schwang die Kette stetig vor und zurück und scheuerte dabei die Außenplatten ab. Noch vor wenigen Jahren lag der Steuerbordanker an seinem ursprünglichen Ort, bis einige „Unterwasser-Rambos" die Kette durchsägten und den Anker zu Boden sinken ließen. Er ist dort zu sehen und wird es hoffentlich auch bleiben. Es lohnt sich, etwa 23 Meter tief auf den Grund zu tauchen, um zu sehen, wo der Bug auf die Felsen stieß. Der gut zwölf Zentimeter dicke, stählerne Stahl ist so verbogen als wäre er aus Pappe. Wenn Sie dann weiter ins offene Wasser schwimmen, bekommen Sie einen Überblick über das Vorschiff, dessen massive Ankerwinden ungewöhnlicherweise unterhalb des Decksniveaus angeordnet sind. Versäumen Sie nicht, sich das Unterdeck anzusehen. Entlang der Ankerwinde steht ein großer Poller, um den das abgetrennte Schleppkabel noch immer herumgewickelt ist. Weiter unten liegen die Ankerfächer. Hier ist es sehr eng, und wenn Sie an Klaustrophobie leiden, sollten Sie diesen Punkt auslassen.
Wenn Sie auf das Zentrum des Decks zuhalten und auf etwa 30 Meter hinabsteigen, stoßen Sie auf eine

D

D - Der imposante Bug der Mohawk Deer hebt sich deutlich gegen die blaue Meeresoberfläche ab.

E

E - Ein Haufen Schrott ist alles, was nach dem dramatischen Zwischenfall vom 5. November 1967 vom Heckabschnitt übrigblieb.

F

F - Auf dem Unterdeck erkennt man eine große Ankerwinde. Hier haben sich die außergewöhnlichen Organismen niedergelassen, die im ligurischen Vorgebirge beheimatet sind.

G

G - Auch unter dem Achterdeck befinden sich große Ankerwinden. Auf diesem Foto wagt sich eine Languste zwischen der bewachsenen Ausrüstung hervor.

halbkreisförmige Struktur, vermutlich die Brücke, die einst den Mast trug. Dieser Abschnitt ist im Winter 1973 vollkommen zusammengebrochen und sieht heute völlig verändert aus. Die Entdeckungsreise setzt sich entlang der linken Seite (der Steuerbordseite des Schiffes) fort, wo sich das Deck über sich selbst gefaltet hat und nun eine Art langen Korridor bildet, der in regelmäßigen Abständen von großen Öffnungen unterbrochen wird. Dieser Bereich bietet Ihnen den Kitzel, das Innere eines Wracks zu erforschen und dabei das beruhigende Licht der nächsten Öffnung stets in Sichtweite zu behalten. Das Dach dieser

B

A

C

D

A - Der Steuerbordanker des Tankers ist noch vorhanden. Leider hat irgendein Souvenirjäger die Kette durchtrennt - zweifellos bei dem Versuch, den Anker mitzunehmen.

B - Die Erkundung des Inneren der Mohawk Deer ist nur etwas für erfahrene Taucher. Hier kann man einige wunderschöne Gorgonien bewundern.

C - Zu den aufregendsten Erlebnissen beim Tauchen kommt es, wenn man auf Teile trifft, die das Wrack wieder lebendig werden lassen. Dieses Foto zeigt einen der Poller auf dem Vordeck, um den noch ein Teil der Festmachleinen gewunden ist.

D - Auch die Ankerwinde am Bug bringt die Aktivität in Erinnerung, die seit 1896 das Schiff erfüllt hatte, als es bei West Bay City vom Stapel gelaufen war.

falschen Laderäume ist in beeindruckender Weise von gelben Steinkorallen (Leptosammia pruvoti) überzogen.
Gemeinsam mit dem verstorbenen Dr. Giorgio Barletta, dem damaligen Direktor des Städtischen Aquariums Mailand, organisierten wir ein Programm zur Messung dieser Zweige, denn hier hatten wir einen der ersten Fälle, bei denen sich die Korallen genau datieren ließen - eine für die Bestimmung der Wachstumsrate unverzichtbare Voraussetzung. Dann wurden die Korallenzweige, wie es öfter geschieht, von einigen Unterwasser-Abenteurern teilweise geplündert. Dennoch ist die Mohawk Deer ein für Wissenschaftler außerordentlich reiches und interessantes biologisches Revier. So leben hier beispielsweise alle fünf der häufigsten Arten mediterraner Hornkorallen sowie Beispiele nahezu sämtlicher Organismen, die auf dem Küstenvorsprung wachsen. Die Erforschung des Bugabschnitts endet in etwa 43 oder 44 Metern Tiefe.
Der Heckabschnitt liegt in flacherem Wasser (zwischen sieben und 25 Metern tief). Einige Teile sind jedoch tiefer gerollt und lohnen einen interessanten zweiten Tauchgang. Es gibt Taucher, die sich - übrigens völlig zu Unrecht - zu fein dafür sind, diesen Abschnitt aufzusuchen, doch wird hier in haarsträubender Weise die Gewalt des Meeres deutlich. An dem Schiff ist wirklich nichts mehr, wie es früher einmal war, und Sie wandern über eine Masse von Platten, Tragbalken und Metallresten, die wie das Ergebnis einer unglaublichen Explosion aussehen. Eine sorgfältige Betrachtung der Trümmer offenbart einige interessante Details. So wurde etwa das Ruder inmitten der Trümmer vor den Maschinenraum geschleudert. Sie erkennen die Pleuelstangen und die massive Kurbelwelle der eigentlichen Maschinen. Weiter östlich finden Sie eine Ankerwinde und, in tieferem Wasser, die Reste des Achterdecks. Diese tiefsten Stellen sind nur etwas für Experten unter erfahrener Führung.

E

F

G

H

E - Dieses Foto zeigt die Ketten, die von den Ankerwinden zu den Klüsen führen.

F - Die großen „Fenster“ der kleinen, halbkreisförmigen Brücke mit Ausblick ins unendliche Blau. Dieser Teil des Schiffes ist nicht besonders schwer zugänglich und bietet immer wieder Überraschungen und emotionale Erlebnisse.

G - Die Mohawk Deer hatte keine besonders bemerkenswerte Karriere. Umso mehr schätzt man sie heute als Wrack mit den Gorgonien, Madreporariern und Bryozoen, die auf den Platten wachsen.

H - Die Platten des vorderen Abschnitts sind voll von bunten Gorgonien und anderen Organismen. Dieses Wrack ist ein interessantes biologisches Revier, in dem man die fünf wichtigsten Gorgonienarten des Mittelmeers finden kann.

GENOVA

von Andrea Ghisotti

Bewertung:

Ortung: durchschnittlich schwer
Sicht: gering
Strömung: gering
Schwierigkeit des Tauchgangs: hoch
Netze / Leinen: zahlreich
Historisch interessant: ja
Fotografisch interessant: mäßig
Biologisch interessant: mäßig

Schiffstyp: Handelsschiff
Nationalität: Italien
Baujahr: 1904
Gewicht: 3486 Tonnen
Gesunken: 27.7.1917
Ursache: Torpedotreffer
Position: 44° 18’ 52“ N; 9° 13’ 47“ O
Ort: 279° Turm von Paraggi,
201° Landspitze von Portofino
Entfernung von der Küste: 900 Meter
Minimale Tiefe: 45 Meter
Maximale Tiefe: 61 Meter

N
45 m
61 m

GENOVA

A

Es war ein warmer Tag Ende Juli im Jahre 1917. Der Erste Weltkrieg hatte seinen Höhepunkt erreicht, und viele Schiffe hatten schon ihre ewige Ruhe auf dem Grund des Mittelmeers gefunden. Die Genova war ein attraktiver Dampfer mit einem Bruttogewicht von 3486 Tonnen (2220 Nettogewicht) mit einer Tragfähigkeit von 6750 Tonnen. Das 1904 erbaute Schiff gehörte der römischen Reederei Ilva. Am 27. Juli transportierte die Genova eine Ladung Kanonen und anderer Kriegsmaterialien, doch fehlte die Eskorte, um sie vor den feindlichen Unterseeboten zu schützen. Es war daher ein Kinderspiel für ein deutsches U-Boot, einen Torpedo auf sie abzuschießen. Allerdings sank der große Dampfer nicht sofort. Es gelang ihm, sich trotz des Treffers am ersten Bugladeraum an der Steuerbordseite noch bis zu der Bucht von Paraggi durchzuschlagen, wo er unterhalb der Burg vor Anker ging und die ganze Mannschaft unverletzt von Bord gehen konnte. Der Todeskampf des Schiffes dauerte lange - nach Zeugenaussagen etwa acht Stunden. Schließlich sank das Schiff mit dem Bug voran und legte sich, vollkommen aufrecht, in 60 Meter Tiefe unmittelbar vor der Bucht auf den Grund. Während dieser acht Stunden hatte niemand versucht, die Genova nach Santa Margherita oder Rapallo abzuschleppen, wo man die Ladung oder vielleicht sogar das Schiff hätte retten können, und so wurde eine Untersuchung veranlaßt. Nach dem Krieg drangen die Taucher einer Bergungsfirma aus Genua in die Laderäume des Wracks ein und konnten die gesamte Ladung bergen. Dann geriet das Schiff weitgehend in Vergessenheit.

Als ich die Genova unter Wasser wiederentdeckte, konnten sich einige wenige noch an sie erinnern. Ich hatte die Seeleute und Fischer von Portofino befragt, und sie alle meinten übereinstimmend, daß ich höchstens noch ein paar rostige Eisenplatten finden würde. Es war ein ganz schöner Schreck, als ich nach einem Tauchgang in die grünen Tiefen den zähen Bodenschlamm in 60 Metern Tiefe erreichte, in die vermutete Richtung des Wracks schwamm und mich plötzlich vor einer Wand befand, die ebenso hoch war wie ein dreistöckiges Haus! Die kolossale Genova war bei weitem nicht zerstört. Trotz der beinahe 80 Jahre, die sie auf dem Grunde des Mittelmeers gelegen hatte, war sie noch in ausgezeichnetem Zustand.

B

Der Tauchgang zum Wrack

Dieser sehr anspruchsvolle Tauchgang sollte erfahrenen Tauchern vorbehalten bleiben, die sich mit tiefliegenden Wracks auskennen. Zudem sollten Sie es nur in den Sommermonaten bei ganz ruhiger See versuchen und zuvor den Tauchgang bis ins Letzte organisieren. Das Wrack liegt inmitten des Golfs auf einer Schiffahrtsroute, die von Fähren befahren wird, auf außerordentlich feinem Schlamm. Die geringste Strömung auf dem Meeresgrund wirbelt diesen Schlamm auf, und die Sichtweite nimmt drastisch ab. Das Wrack ist vollständig von Netzen verlorengegangener Ankerseile umwickelt, und selbst im Som-

C

A - Ein Taucher beleuchtet die Netze, die sich um die Steuerbordbrücke der Genova gewickelt haben. Dieses italienische Schiff wurde 1904 erbaut und sank Ende Juli des Jahres 1917.

B - An der Hinterseite der mittleren Aufbauten erkennt man noch die Reste des einst gewaltigen, heute fast gänzlich zerstörten Schornsteins und die Lüftungskanäle.

C - Es ist zweifellos aufregend, die Genova zu erkunden. Sie sollten dabei aber nicht vergessen, daß sie über 50 Meter tief liegt, so daß dieses Unternehmen nur erfahrenen Tauchern zu empfehlen ist. Das Bild zeigt das Vorschiff mit einer Ankerwinde im Vordergrund.

mer besteht die Gefahr, daß man sich bei geringer Sicht hoffnungslos darin verfängt. Sie müssen daher unbedingt an einer beschwerten Leine absteigen, die Sie über dem Zentrum des Schiffes herabgelassen haben. Es werden mindestens zwei Tauchgänge nötig sein, um das etwa 100 Meter lange Wrack kennenzulernen. Die beste Abstiegsroute führt zum zentralen Achterdeck. Hier befinden sich die höchsten Aufbauten, darunter der Schornstein. Bei den schwarzen Löchern, die diesen umgeben, handelt es sich um ehemalige Lüftungsgänge. Leider zeigt der noch immer stattliche Schornstein Spuren des Zerfalls, und einige Teile sind schon abgebrochen. Unterhalb des Schornsteins liegen der Heizkessel und der Maschinenraum. Verschwenden Sie dafür aber keine Zeit, sondern schwimmen Sie lieber zum Bug weiter. So erreichen Sie den vorderen Abschnitt des Achterdecks mit den Resten der Brücke und den Kabinen. Auf der Steuerbordseite erblicken Sie eine frei hängende Badewanne, die früher einmal auf dem Boden stand. Mit ihren hängenden Seilen und Netzen bietet die Brücke ein eindrucksvolles Bild. Wenn Sie den zum Heck hinunterführenden Treppen folgen, stoßen Sie auf die offenen Laderäume, die jedoch nur noch Schlamm enthalten. Nach einer anstrengenden Schwimmstrecke (hüten Sie sich vor dem Tiefenrausch - an dieser Stelle sind Sie 52 bis 53 Meter tief!) gelangen Sie zum Vorschiff mit allen seinen Ankerwinden, Pollern, Geländern und anderem Zubehör. Es endet in dem stolzen, senkrechten Bug.
Die Untersuchung des Hecks erfordert einen zweiten Tauchgang. Sie erleben beinahe ein Spiegelbild des ersten (der zum Bug führte) mit seinen offenen Laderäumen, dem breiten Deck und überall zahllosen Seilen und Leinen. Hüten Sie sich vor einem großen, robusten Schleppnetz, das sich um das Heck geschlungen hat.
Am Ende meiner Beschreibung noch ein Wort zur Sicherheit: Ich hatte durchaus Zweifel, dieses Wrack in das Buch mit aufzunehmen, da ich die Tauchgänge dorthin für zu tief und zu gefährlich halte. Heute jedoch wird das Wrack allmählich berühmt, und es wird von mehr Tauchern besucht als früher. Leider sind diese nicht immer mit den Aufbauten und möglichen Gefahren genauestens vertraut. Im Laufe Dutzender erfolgreicher Besuche habe ich die Genova genau kennengelernt. Dennoch verschiebe ich einen Tauchgang sofort, wenn keine idealen Bedingungen herrschen.

D

E

F

D - Die um die Steuerbordseite der Brücke gewundenen Netze bilden eine potentielle Gefahr für Taucher. In der Mitte des Fotos erkennt man die zum Deck führenden Stufen.

E - Auf dem Vordeck wachsen einige wunderschöne Schwärme, die den Tauchgang noch aufregender machen.

F - Heute wird die Genova von vielen Tauchern besucht. Hier betrachtet eine Tauchergruppe den Bug, auf dessen Deck Wrackteile verstreut liegen.

DIE KT VON SESTRI

von Andrea Ghisotti

Bewertung:

Ortung: schwierig
Sicht: gut bis ausgezeichnet
Strömung: gering bis durchschnittlich
Schwierigkeit des Tauchgangs: hoch
Netze / Leinen: zahlreich
Historisch interessant: ja
Fotografisch interessant: ja
Biologisch interessant: ja

Schiffstyp: Minenräumer
Nationalität: Deutschland
Baujahr: unbekannt
Gewicht: 600 bis 800 Tonnen
Gesunken: Februar 1944
Ursache: Torpedotreffer
Position: 44° 15' 76" N; 9° 22' 2" O
Ort: 113° Landspitze von Manara,
70° Leuchtboje von Sestri Levante
Entfernung von der Küste:
etwa 1,8 Kilometer
Minimale Tiefe: 35 Meter
Maximale Tiefe: 60 Meter

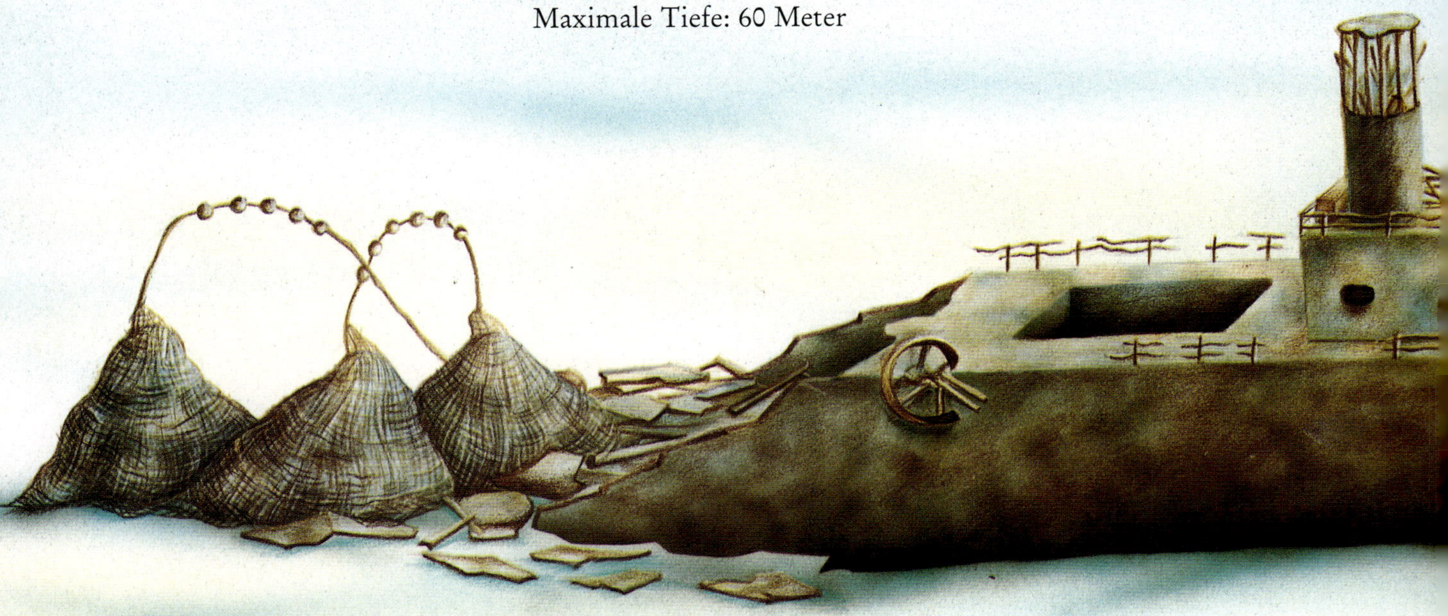

N
35 m
60 m

DIE KT VON SESTRI

Das Schiff ist allgemein unter der Bezeichnung „KT" bekannt, was sich möglicherweise von dem Wort „Korvette" ableitet. Es war jedenfalls ein kleines Schiff, vielleicht ein Minenräumer oder eine Korvette, und die leichte Bewaffnung bestand nur aus zwei Zwillings-Flugabwehrgeschützen und vier bis sechs Maschinengewehren kleineren Kalibers. Vermutlich handelt es sich also um ein kleines Kriegsschiff aus dem Ersten Weltkrieg, das man nachträglich mit leichter Bewaffnung ausgestattet hatte und nun zur Minenräumung einsetzte. Typisch für kleine Fahrzeuge und Minenräumer dieser Art war auch das hölzerne Deck. Die Nationalität erwies sich als Überraschung: Als die deutsche Besatzung nach dem Untergang des Schiffes an Land kam, ging man davon aus, daß auch das Schiff deutsch gewesen sei. Sie können sich meine Überraschung vorstellen, als ich vor einigen Jahren den Bewuchs vom Telegrafen des Maschinenraums entfernte: Da tauchten die Wörter „avant" und „arrière" auf. Es war also ein französisches Schiff, das vermutlich nach der Besetzung Frankreichs von den Deutschen übernommen worden war. Diese Praxis ereilte nach dem 8. September 1943 auch italienische Schiffe.

Aber zurück zum Untergang der KT: An einem kalten Februarmorgen des Jahres 1944 befand sich das Schiff in Begleitung zweier U-Boot-Jäger vor dem Vorgebirge von Sestri Levante. Da wurde es vom Periskop eines alliierten Unterseeboots entdeckt, das sofort zwei Torpedos abschoß. Einer davon verfehlte sein Ziel und explodierte unweit des S.-Anna-Tunnels an der Küste. Der zweite traf die KT unmittelbar achtern vom Schornstein und versenkte sie auf der Stelle. Dennoch gab es offenbar keine Todesopfer, denn die unterkühlte Besatzung wurde schließlich von den beiden U-Boot-

A

B

A - Das Landefahrzeug von Sestri wurde im April 1944 von einem britischen Unterseeboot versenkt. Dieses kleine, von den Franzosen gebaute Schiff - auf diesem Foto ist der Bug deutlich zu erkennen - hatten die Deutschen beschlagnahmt. Es liegt aufrecht in einer Tiefe von etwa 60 Meter.

B - Das Landefahrzeug war mit zwei doppelläufigen schweren Flugabwehrgeschützen bewaffnet. Das Bild zeigt den gut erhaltenen vorderen Geschützstand.

C - Ein Taucher schwimmt nahe am Schornstein vorbei. Dieser blieb praktisch unversehrt, obwohl der Heckteil durch eine heftige Explosion zerstört wurde.

D - Teile des Schiffes - hier sieht man eine Ankerwinde - verschwinden häufig hinter Schwärmen roter Fahnenbarsche.

Jägern aufgefischt und bei Sestri an Land gesetzt. Die KT sank auf den schlammigen Grund und liegt heute aufrecht nicht ganz 60 Meter tief. Der Bug weist aufs offene Meer, das Heck zur Küste.

Der Tauchgang zum Wrack

Das Wrack der KT von Sestri gehört zu den besten und eindrucksvollsten nicht nur des Mittelmeers, sondern der ganzen Welt. Allerdings ist der Tauchgang mit vielen Hindernissen verbunden. Erstens müssen Sie sehr tief tauchen - der Meeresgrund liegt hier bei etwa 60 Metern. Zweitens liegt das Wrack so weit in der offenen See, daß es an einigen Tagen extremen Strömungen ausgesetzt ist. Schließlich liegt das Wrack unter einem Geflecht unzähliger Kabel, Seile und Netze begraben, und um das Heck hat sich ein riesiges Schleppnetz gewickelt, dessen Schwimmer es in tückischer Weise um mehrere Meter anheben, so daß es bei schlechter Sicht zu einer tödlichen Falle werden kann. Dieser äußerst anspruchsvolle Tauchgang ist also nur sehr erfahrenen Tauchern anzuraten, die schon mehrfach tiefliegende Wracks besucht haben. Bedenken Sie auch, daß ein Tauchgang in klaren, tropischen Gewässern bei weitem einfacher ist: Es gibt keine Netze und vor allen Dingen nicht diesen schrecklichen Schlamm, der von der Strömung oder einer falsch gesetzten Taucherflosse aufgewühlt wird. Die KT kann nur unter ausgezeichneten See- und Windbedingungen und bei warmem Wasser, also in den Sommermonaten, betaucht werden. Häufig werden Sie sogar auf das Tauchen verzichten müssen, nachdem Sie den Ort erreicht haben. Dieser Tauchgang läßt praktisch keine Irrtümer zu und hat selbst unter erfahrenen, trainierten Tauchern schon mehrere Opfer gefordert. Sie müssen also alles perfekt planen und organisieren. Es hat keinen Zweck, die Position des Wracks allmählich einzukreisen. Setzen Sie besser, nachdem Sie eine genaue Echoortung haben, eine Boje mit einer Wurfleine über dem Zentrum des Schiffes ab. Das Begleitboot sollte Ihren Luftblasen folgen oder deutlich vom Wrack entfernt ankern, um es nicht zu beschädigen (übrigens würde sich auch der Anker in sieben von zehn Fällen verfangen und verlorengehen). Sorgen Sie für die erforderlichen Dekompressionsstopps sowie für einen zusätzlichen Luftvorrat.

Der Abstieg ist aufregend: Zuerst fallen Sie lange in die blaue Tiefe hinab, ehe das Wrack zum ersten

C

D

E - Das Vorderteil des Schiffes mit den Aufbauten, der Brücke und den Kabinen befindet sich noch in ausgezeichnetem Zustand. Allerdings erfordern die große Tauchtiefe und die starken Strömungen äußerste Vorsicht.

F - Unmittelbar vor dem enormen Loch, das durch den Torpedotreffer entstand und das Schiff versenkte, ragt ein doppelläufiges Flugabwehrgeschütz entlang der Steuerbordseite in die Leere. Es sieht genauso aus wie das am Bug stehende Exemplar.

E

F

Mal sichtbar wird. Am höchsten ragt ein Metallbrücke auf, die sich über dem Achterdeck auf drei Füßen bis auf 35 Meter zur Oberfläche erhebt. Bei gutem Wetter sorgt die große Entfernung von der Küste für klares, mitunter sogar kristallklares Wasser. Dann lohnt es sich, oben auf dieser Brückenkonstruktion eine Pause einzulegen. So können Sie sich an die Tiefe gewöhnen und das ganze Wrack überblicken. Sie werden von den enormen Fischschwärmen überrascht sein. Immer wieder wechseln sie alle gleichzeitig die Richtung, so daß das ganze Wrack sich zu bewegen scheint. Der Schornstein ist leicht zum Heck geneigt. Die obere Metallhülle fehlt schon und gibt den Blick auf die inneren Rohre frei. Unter der Brückenkonstruktion liegt das Achterdeck. Die Brücke ist zwar über eine Seitentür zugänglich, aber mit allen möglichen Seilen buchstäblich überhäuft. Wie bei Marineschiffen üblich werden die Vorderöffnungen durch Klappen geschützt. Durch zahlreiche Öffnungen können Sie die größere untere Kabine von außen einsehen und - mit der gebotenen Vorsicht - auch betreten. Gemeinsam mit anderen Instrumenten, Platten und Ausrüstungsgegenständen wurden die erinnerungsträchtigen Telegrafensender des Maschinenraums von einigen Tauchern entfernt, die offenbar nur an Souvenirs interessiert sind und leider keine Rücksicht auf andere kennen. Glücklicherweise mußten die Plünderer aufgrund der großen Tiefe die Bewaffnung des Schiffes zurücklassen; nur eines der Flugabwehr-Maschinengewehre ist verschwunden. Das Wrack ist also noch immer ziemlich intakt, und Sie stoßen hier auf wirkliche Raritäten. Im Bereich des Achterdecks ist zum Beispiel ein zweistöckiger Container festgezurrt, der halbkreisförmige Flugabwehrgranaten enthält. Weitere Geschosse liegen über dem Deck verstreut. Im Wrack dominiert

A

B

C

D

A - Vom Achterdeck aus erhebt sich ein Metallstativ bis auf 35 Meter unter die Oberfläche. Vermutlich trug es einst die Radarantenne des Schiffes.

B - In der Nähe des Achterdecks stößt man auf ein großes Stahlgestell mit zwei Regalen, auf dem noch einige halbkreisförmige Flugabwehr-Kartuschen stecken - eine authentische, ausgezeichnet erhaltene Rarität.

C - Die allgegenwärtigen Fahnenbarsche schwimmen um die Stützen der Antenne. Das Wrack dieses Landefahrzeugs ist für die zahlreichen Fische berühmt, die sich hier angesiedelt haben.

D - Die hölzernen Deckplanken sind teilweise weggefault, und es entstanden einige recht heimtückische Öffnungen. Sie müssen also aufpassen, wo Sie Hände und Füße aufsetzen.

eine Fliegerabwehr-Zwillingskanone am Bug. Sie hat ein Kaliber von vielleicht 40,1 Millimeter und ist hinter einem kreisförmigen Schild auf dem Holzdeck montiert. Abgesehen davon, daß das Geschütz praktisch unversehrt erhalten blieb, wird Sie besonders der phantastische Bewuchs fuchsienfarbener Aktinien (Corynactis viridis) faszinieren. Diesen Organismus finden Sie ebenso auf Deck und vielen anderen Aufbauten in zahlreichen Farbschattierungen, von hellgrün bis rot, von gelb bis braun, und allein dieser Anblick rechtfertigt den ganzen Tauchgang. Wie das übrige Schiff ist auch der Bug vollkommen intakt.

Es lohnt sich, über das Wrack hinauszuschwimmen und den Anblick des schmalen, scharfen Bug auf sich wirken zu lassen. Beide Anker liegen bis zu den Klüsen aufgezogen, und an der Bugspitze befindet sich ein merkwürdiger Schild. Sie können in die Mannschaftsquartiere des Vorschiffs hineinsehen, doch bleiben Sie lieber draußen, da heute die Holzstrukturen marode sind und innen viel Sediment liegt. Es ist interessanter, zum Zentrum des Schiffes mit den anderen Kabinen, dem Maschinenraum und den Heizkesseln vorzudringen. Auch hier sollten Sie unbedingt draußen bleiben. Achtern vom Schornstein erkennen Sie deutlich eine für alte Kriegsschiffe typische Stufe. Jenseits dieser Stelle hat die Strömung an neun von zehn Tagen das Sediment zu einem Nebel aufgewühlt. Hier befinden sich die zerschmetterten Überreste des Hecks mit einem zweiten Flugabwehr-Zwillingsgeschütz und einem kreisförmigen Schild, identisch mit dem Buggeschütz und nach rechts gedreht sowie mit weiteren Maschinengewehren.

Seien Sie aber vorsichtig: Hier erhebt sich ein riesiges Schleppnetz an seinen Schwimmern senkrecht nach oben. Sie sollten besser umdrehen und zu der Stahlbrücke zurückschwimmen, die übrigens einen wundervollen Bewuchs von Zylinderrosen trägt.

E

E - Am Boden des geplünderten Laderaums erkennt man noch immer mehrere halb im Schlamm steckende Flaschen. Diesen Teil sollten Sie mit äußerster Vorsicht erkunden, denn das Heck befindet sich in einem Gewirr von Kabeln und Leinen und ist in ein tödliches Schleppnetz eingehüllt.

F, G - Viele Platten sind mit prächtigen Juwelenanemonen (Corynactis viridis) und anderen bunten Organismen bewachsen, die im Halbdunkel des Wracks besonders eindrucksvoll wirken.

F

G

DAS BEWAFFNETE HANDELSSCHIFF VON SESTRI

von Andrea Ghisotti

Bewertung:

Ortung: durchschnittlich schwer
Sicht: gering bis gut
Strömung: gering bis stark
Schwierigkeit des Tauchgangs: durchschnittlich
Netze / Leinen: einige
Historisch interessant: mäßig
Fotografisch interessant: ja
Biologisch interessant: mäßig

Schiffstyp: bewaffnetes Handelsschiff
Nationalität: Deutschland
Baujahr: unbekannt
Gewicht: ungefähr 3000 Tonnen
Gesunken: November 1943
Ursache: Torpedotreffer
Position: 44° 15' 65" N; 9° 23' 21" O
Ort: 128° Landspitze von Manara,
358° Turm von Sestri Levante
Entfernung von der Küste: 850 Meter
Minimale Tiefe: 27 Meter
Maximale Tiefe: 36 Meter

DAS BEWAFFNETE HANDELSSCHIFF VON SESTRI

Im November 1943 fuhr ein kleines deutsches Handelsschiff an der italienischen Küste entlang und umrundete die Landspitze von Sestri Levante. Wie die meisten Handelsschiffe jener Zeit war es so bewaffnet, daß es sich wenigstens minimal verteidigen konnte. Die Hauptwaffe war vermutlich ein Geschütz mittleren Kalibers auf dem Vorschiff, und auf dem Heck stand eine weitere Artillerie. Außerdem dürften wenigstens vier weitere Maschinengewehre für die Flugabwehr existiert haben, denn die Haltevorrichtungen sind auf dem Wrack noch zu sehen. Das Schiff hatte Metalle geladen, vor allem Kupfer, ein damals sehr wertvolles Material, außerdem allgemeine Waren und diverse Munition. Dies erklärt die auf dem Meeresboden liegenden großkalibrigen Granaten und die kleinkalibrigen an Deck. Offenbar wurde das Schiff durch den Überraschungsangriff eines Geschwaders alliierter Torpedobomber versenkt. Die Explosion des Torpedos muß verheerend gewesen sein, denn das Schiff zerbrach und sank sofort. Die beiden Teile liegen heute senkrecht zueinander, und dazwischen erstreckt sich eine Masse bis zur Unkenntlichkeit verbogener Metallteile. Das Ausmaß der Zerstörung spricht dafür, daß auch Menschen dabei umkamen. Das Wrack liegt aufrecht, das Heck ist ungefähr parallel zur Küste ausgerichtet, während der Bug aufs Meer hinausweist. Der schlammige Meeresboden verläuft eben, abgesehen von einer leichten Neigung, wodurch das Heck etwas über 30 und der Bug etwas über 36 Meter tief liegt. Nach Kriegsende arbeiteten mehrere Taucher einer Bergungsfirma an dem Wrack und weideten den zentralen Abschnitt mit Sprengstoff weiter aus. Dabei kam einer der Männer unter tragischen Umständen ums Leben. Zudem hatte das Schiff Minen an Bord, von denen der bekannte Journalist Lino Pellegrini eine identifizieren konnte. Während er mit seiner Kamera ständig zum Wrack und wieder zurück tauchte, zog er sich eine Embolie zu. Anschließend wurde die Mine von den Sprengmeistern gezündet, was die Zerstörung des Mittelschiffs vermutlich noch vergrößerte.

A

A - Ein Taucher fotografiert den Bug des bewaffneten deutschen Frachters, der in der Tiefe zu schweben scheint.

B

B - Millionen winziger Fische beleben den Bug dieses Handelsschiffs, das im November 1943 in den ligurischen Gewässern versank.

Der Tauchgang zum Wrack

Dieser Tauchgang ist mittelschwer. Zwischen ungefähr 28 und 30 Metern Tiefe können Sie das ganze Wrack kennenlernen, und nur manchmal müssen Sie auf 36 Meter absteigen, um die auf dem Meeresgrund verstreuten Teile näher zu betrachten. Das Schiff ist jedoch ziemlich lang, so daß Sie sich schon beeilen müssen, wenn Sie es vom Heck bis zum Bug untersuchen wollen. Nach meiner Ansicht planen Sie dafür am besten zwei Tauchgänge ein und nehmen sich dabei jeweils eine Rumpfhälfte vor. So haben Sie auch für die kleinsten Einzelheiten genügend Zeit. Der interessante Bugteil ist am besten erhalten, so daß Sie diesen zum Ziel Ihres ersten Tauchgangs machen sollten. Dieser Abschnitt liegt - östlich des Hecks - etwas weiter von der Küste entfernt. Sie sollten entlang einer Wurfleine absteigen, die Sie über der Mitte des Wracks hinablassen - allerdings nur bei ruhiger See und klarem Wasser, denn in dieser Entfernung von der Küste kann die starke Strömung die Sicht einschränken. An schönen Sommertagen erkennen Sie das Wrack schon auf halber Tiefe. Es lohnt sich, die Augen offenzuhalten, da hier nicht selten Mondfische das Schiffsdeck aufsuchen. An einem besonders klaren Tag konnten wir einmal sieben Exemplare bei einem einzigen Tauchgang sehen. Halten Sie direkt auf den Bug zu. Hier führen zwei Treppen mit einer Reling zum Vorschiff hinauf: Die Entfernung schaffen Sie mit zwei Flossenschlägen. Dazwischen führt ein Gang zu den Mannschaftsquartieren unter Deck. Zwei Dachluken, die Luft und Licht hereinließen, sind noch an Ort und Stelle. Von den Ankerwinden führen gewaltige Ketten bis zur Bugspitze. Auf der Steuerbordseite ist das Deck beschädigt - hier ist ein korrodierter Teil zusammengebrochen und gibt den Blick in den Rumpf frei. Wenn Sie dann oberhalb des Bugs weiter ins offene Wasser schwimmen, können Sie dessen schnittige Form von außen bewundern. Dies ist eines der besten Fotomotive dieses Wracks. Mit einem Blick auf den Meeresboden werden Sie mehrere große Artilleriegranaten entdecken, ähnlich den übrigen, die um das Schiff herum verstreut liegen. Zurück auf Deck stoßen Sie auf den gepanzerten Schild der Hauptkanone und mehrere zusammengerostete Granaten. Daneben befinden sich zahlreiche halbkreisförmige Patronen der vier Flugabwehrkanonen, die vor Jahren verschwanden. Durch das klaffende Loch, das die Explosion mittschiffs gerissen hat, gelangen Sie in die Laderäume. Hier finden Sie jedoch nichts weiter als einige nicht mehr zu identifizierende Holzstrukturen, die beim Kontakt mit Luftblasen auseinanderfallen. Im Zentrum befindet sich ein Durcheinander ineinandergedrehter Platten und Rohre, um die sich zahlreiche Netze und Leinen geschlungen haben. Halten Sie besser direkt auf das Heck zu, wo Sie einen großen Heizkessel, die Maschinen und das Achterdeck noch immer unversehrt vorfinden. Allerdings ist es dort recht eng, und die Objekte liegen unter einer Schlammschicht. Riskieren Sie zum Schluß noch einen Blick auf das rundliche Heck, das ein gutes Stück im Schlammboden steckt.

C

D

E

F

C - Der gute Zustand, in dem sich der Vorderabschnitt dieses noch immer nicht identifizierten deutschen Wracks befindet, erlaubt es, auch kleine Details zu bewundern, beispielsweise diese zum Vordeck führende Leiter.

D - Ein Taucher nähert sich einem der auf Deck befestigten Maschinengewehrsockeln. In der Umgebung erkennt man zahlreiche umherliegende Kartuschen.

E - Die Lage des Wracks, das aufrecht auf dem Meeresgrund liegt, macht den Tauchgang noch aufregender. Dieses Foto zeigt die Steuerbord-Reling, die ins leere Blau des Meeres verschwindet.

F - Um das Wrack genau zu erkunden, empfiehlt es sich unbedingt, zwei Tauchgänge zu unternehmen: einen zum Vorderabschnitt und den anderen zum Heck. Das Foto zeigt das Vordeck und eines der Dachfenster.

DER LASTKAHN VON SESTRI

von Andrea Ghisotti

Bewertung:

Ortung: durchschnittlich schwer
Sicht: gut bis gering
Strömung: gering
Schwierigkeit des Tauchgangs: durchschnittlich
Netze / Leinen: keine
Historisch interessant: mäßig
Fotografisch interessant: mäßig
Biologisch interessant: mäßig

Schiffstyp: Lastkahn
Nationalität: Deutschland
Baujahr: unbekannt
Gewicht: etwa 300 Tonnen
Gesunken: 1944
Ursache: Treffer einer Flugzeugbombe
Position: 44° 15' 333" N, 9° 23' 71" O
Ort: 33° Torre Sestri
Entfernung von der Küste: 850 Meter
Minimale Tiefe: 26 Meter
Maximale Tiefe: 31 Meter

DER LASTKAHN VON SESTRI

A

B

Diese Geschichte führt uns in die finsteren Tage des Zweiten Weltkriegs zurück: Am Jahreswechsel 1943 zu 1944 war Italien von deutschen Truppen besetzt. Entlang der ligurischen Küste waren die meisten Eisenbahnbrücken schon zerbombt, so daß die Waren häufig über die Küstengewässer transportiert wurden, und man setzte dabei jedes verfügbare Schiff ein. Zahlreiche Lastkähne und Leichter mit einem oder zwei offenen Laderäumen und einem bis zwei am Heck montierten Motoren wurden konstruiert, ähnlich den Modellen der Flußschiffahrt, und für diese Fahrten entlang der Meeresküste eingesetzt. Es waren langsame Boote, die höchstens fünf Knoten erreichten. Diese spartanischen Fahrzeuge waren - sozusagen zur symbolischen Verteidigung - mit einigen Maschinengewehren bewaffnet.

Die Geschichte dieses einen Lastkahns basiert nur auf unbestätigten Berichten. Offenbar sank das Schiff im Februar 1944, als es in Richtung Süden nach Deiva oder Cinque Terre mit einer Ladung Zement für die Reparatur von Befestigungsanlagen aufgebrochen war. Als es gerade den Küstenvorsprung von Sestri umrundete, schrillten die Luftalarm-Sirenen in der Stadt. Es war der übliche „Pippo", wie man jene einzeln fliegenden, alliierten Bomber nannte. Sie kreisten (insbesondere nachts) unentwegt über den Städten, ehe sie ihre Bombenladung abwarfen und zermürbten damit auch die Moral der Bewohner zutiefst. Diesmal hatte sich die Maschine den Lastkahn zum Ziel genommen und traf ihn auch auf der Backbordseite des Bugs. Das Schiff bekam einen Riß in der Beplattung und sank auf der Stelle. Die aus vier deutschen Seeleuten bestehende Besatzung hatte keine Chance, und ihre Leichen wurden am nächsten Morgen an den Strand gespült.

Der Tauchgang zum Wrack

Dieser leichte Tauchgang führt Sie an der tiefsten Stelle, dem Heck, höchstens 31 Meter in die Tiefe. Das Wrack liegt senkrecht zur Küste mit dem Bug zum Land ausgerichtet, als wollte es noch einen verzweifelten Versuch unternehmen, dem Angriff zu entkommen. Es gehört zu den „ausdrucksvollsten" Wracks, die ich kenne: Sie müssen nur die Einzelheiten sorgfältig betrachten, und das ganze Drama des Todeskampfes dieses Schiffes wird wieder lebendig. Dieses relativ kleine Wrack (es ist höchstens 35 bis 40 Meter lang) sollten Sie am besten zunächst im offenen Wasser überschwimmen. Nachdem Sie so eine Übersicht gewonnen haben, können Sie anschließend abtauchen, um sich die Einzelheiten anzusehen. Der senkrechte, plumpe Bug ist absolut hochseeuntüchtig. Auf dem Vordeck liegen zahllose Kabel, eine Ankerwinde, und eine Gangway führt zum Ankerfach. Auf der Backbordseite erkennen Sie noch den Riß, der das Lastschiff versenkte, und die Metallplatten sind verformt, als wären sie aus Stanniol gemacht. Heckwärts stoßen Sie auf zwei offene Laderäume, von denen einer mit Zementsäcken regelrecht vollgestopft ist. Zwischen beiden Laderäumen verläuft eine Metallplattform über die ganze Breite, auf der einst die Flugabwehrkanone stand. Immerhin ist der bewegliche Sockel noch erhalten. Am Boden des Laderaums erkennen Sie mehrere Munitionskisten und einige lose runde

A - Der Lastkahn von Sestri sank im Februar des Jahres 1944. Auf diesem Foto erkennt man den Ständer eines der Maschinengewehre, die schon vor Jahren verschwunden sind.

B - Voller Bewunderung betrachtet ein Taucher die lebhaften Farben einer prächtigen Korallenkolonie (Corynactis viridis), die die Heckreling beinahe vollständig bedeckt.

Stangen, die Sie keinesfalls berühren sollten. Wenn Sie den zweiten Laderaum begutachtet haben und zum Heck weiterschwimmen, gelangen Sie zum Maschinenraum, einem recht unzugänglichen Abschnitt, der dafür umso mehr von Meerbrassen und Langusten geschätzt wird. Dann folgt eine Anlage, in der sich einst die Kombüse befand. Rechts steht ein kleiner Ofen mit drei Kochringen, über denen - noch bis 1993 - eine Bratpfanne hing, und eine andere ist auf eine Seite gefallen. Die Brücke wurde freigelegt, und die Kontrollinstrumente des Maschinenraums liegen nun unmittelbar am Schott. Schließlich erreichen Sie die hinteren Aufbauten. Dieser höchste Teil des Wracks ragt an einer Stelle 26 Meter auf. Hier hatte die Mannschaft ihre einfachen Quartiere. Obwohl einige Platten verschwunden sind und ein Teil der Kabine offenliegt, konnte man noch vor wenigen Jahren eine andere bewegende Entdeckung machen: Unter dem schlammigen Sediment lagen im Inneren ein Grammophon und eine Sammlung von Schellackplatten. Über den Mannschaftsräumen befand sich ein zweiter Flugabwehrstand, der ebenfalls inzwischen geplündert wurde. Ursprünglich gelangte man über eine hintere Leiter auf diesen Stand. Heute ist dies der attraktivste Teil des Wracks, denn das Metall ist mit Exemplaren der schönsten Mittelmeerorganismen bewachsen, etwa der Juwelenanemone (Corynactis viridis), die dem Schiff einen intensiven Fuchsienton verleiht und deren Tentakelspitzen weiß abstehen. Wenn Sie sich über die Leiter und die Reling gleiten lassen, finden Sie sich über dem rundlichen Heck wieder, das 31 Meter tief liegt. Das Ruder ist teilweise im Schlamm versunken, ebenso die beiden Schrauben, die sich noch an Ort und Stelle befinden. Zwischen dem Rumpf und dem Meeresboden hat sich hinter der Backbordschraube ein Meeraal niedergelassen und die Bewachung des Wracks übernommen.

C

C - Dieses Foto zeigt die Zementsäcke, die einstige Ladung des Lastkahns. Höchstwahrscheinlich war der Zement dafür vorgesehen, die Küsten-Verteidigungswälle von Deiva oder Cinque Terre zu verstärken.

D - Für einen modernen Taucher ist es immer aufregend, auf stumme Zeugen zu stoßen, die das Drama eines Schiffsuntergangs wieder lebendig werden lassen. Dieses Bild zeigt die Kombüse des Lastkahns; ein Topf steht noch auf dem Herd.

D

E

E - Eine solche Farbexplosion findet man im Mittelmeer wirklich selten. Diese Juwelenanemonen (Corynactis viridis) sind nicht allzu häufig, doch an der typischen Form ihrer Tentakel leicht zu erkennen.

DAS FLUGZEUGWRACK VON CAPRAIA

von Andrea Ghisotti

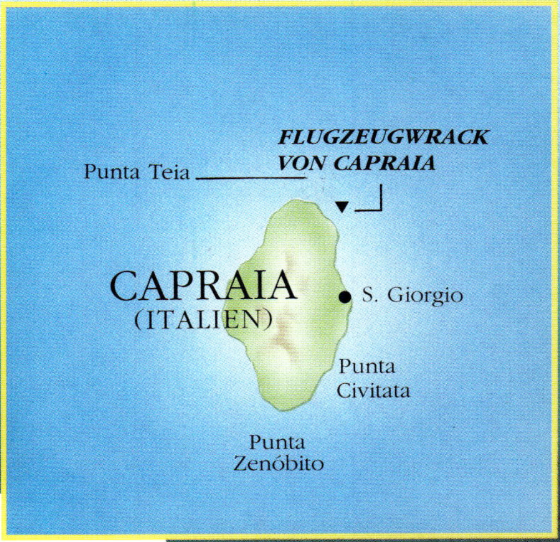

Bewertung:

Ortung: durchschnittlich schwierig
Sicht: ausgezeichnet
Strömung: gering
Schwierigkeit des Tauchgangs: durchschnittlich
Netze / Leinen: einige
Historisch interessant: ja
Fotografisch interessant: mäßig
Biologisch interessant: mäßig

Flugzeugtyp: Kampfflieger
Nationalität: Deutschland
Baujahr: unbekannt
Flügelspannweite: 12,40 Meter
Länge: 11 Meter
Startgewicht: 3730 Kilogramm
Absturzdatum: 1943
Ursache: unbekannt
Position: 43° 2' 74" N; 9° 50' 65" O
Ort: 181° Guglia Pta Fica, 223° Faro
Entfernung von der Küste: 200 Meter
Minimale Tiefe: 37 Meter
Maximale Tiefe: 44 Meter

DAS FLUGZEUGWRACK VON CAPRAIA

Unmittelbar vor dem Dorf Capraia, etwa 200 Meter vor der Küste, erstreckt sich ein Felsvorsprung senkrecht zur Küste aufs Meer hinaus. An der Südseite dieser Felsen liegt ein ungewöhnliches Wrack: ein deutsches Flugzeug aus dem Zweiten Weltkrieg. Es war eine kleine Militärmaschine, ein Kampfflugzeug oder Kampfbomber von unbestreitbarem historischen Wert, an dessen Identifizierung wir noch immer arbeiten.

Immerhin konnten wir schon einige Geheimnisse dieses Wracks lösen und daraufhin einige Hypothesen aufstellen. Das Datum der Notwasserung ist ungesichert, dürfte aber um 1943 gelegen haben, als sich der Konflikt auf der Nachbarinsel Korsika verschärfte. Möglicherweise war das Flugzeug an einer Mission über dem nur wenige Flugminuten entfernten Bastia beteiligt, oder es wurde in der Meerenge zwischen Korsika und Capraia getroffen. Mit Sicherheit steckte die Maschine jedoch irgendwie in Schwierigkeiten, so daß sie vor der toskanischen Küste notwassern mußte. Leider läßt sich das Problem nicht genauer einkreisen. Die Position, an der das Flugzeug herunterkam, entspricht nicht mehr seiner heutigen. Später verfing sich das Flugzeug in einem stabilen Schleppnetz - es ist teilweise heute noch erhalten - und muß darin vom sandigen Meeresboden auf den Hang fortgeschleppt worden sein. Wahrscheinlich wollte die Besatzung des Trawlers ihre ungewöhnlich schwere Ladung landen und in seichtere Hafengewässer schleppen. Dabei muß das Netz an den Felsen hängengeblieben sein, so daß den Fischern nichts anderes übrigblieb, als die Leinen zu kappen und das Netz mit dem Flugzeug aufzugeben. Die Position des Flugzeugs - die Nase steckt im Boden des Netzes, das Heck ist hoch aufgerichtet - scheint diese Vorstellung zu bestätigen. Beim Schleppen wurde ein Flügel teilweise vom Rumpf abgerissen, und auch ein großer Teil der Metallverkleidung wurde abgestreift, so daß das Gerüst sichtbar wurde. Wir entfernten einen Teil des Netzes und konnten nun wichtige Einzelheiten erkennen. Zunächst sahen wir zwei hintereinander angeordnete Sitze. Hinter dem Piloten saß vermutlich ein Bordschütze. Anfangs, als ein großer Teil des Flugzeugs noch unter dem Netz verborgen lag, hatten wir vermutet, der Rumpf sei ursprünglich mit Gewebe bedeckt gewesen, das im Wasser verrottet sei. Demnach könnte es ein Beobachtungs- oder Transportflugzeug gewesen sein, das eine solche Konstruktionsweise besaß. Später erst bemerkten wir, daß der Rumpf mit Aluminium bedeckt war und daß die Metallhülle beim Schleppen über den Grund beschädigt wurde. Einen Teil dieser Platten konnten wir tatsächlich am Heck nachweisen, und auf dem Meeresboden stießen wir auf verdrehte Aluminiumplatten. In den Flügeln waren zwei Maschinengewehre mit den dazugehörigen Magazinen eingebaut, ein typisches Merkmal der Kampfflugzeuge oder Kampfbomber. Da sich auf den Flügeln noch das Kreuz der Deutschen Luftwaffe befand, blieben uns nur noch wenige Kandidaten zur Auswahl. Wir sind der Meinung, es handelt sich um einen Sturzkampfbomber, genauer gesagt, eine Junkers Ju-87, die als „Stuka" bekannt war.

Angesichts der außerordentlichen historischen Bedeutung dieses Flugzeugs müssen wir jeden Besucher dringend bitten, nichts von diesem Fundort zu entfernen.

A

B

C

A - Eine Gruppe von Tauchern untersucht das Metallgerüst eines deutschen Arado-Aufklärungsflugzeugs, das teilweise in ein Netz verwickelt ist.

B - Diese Aufnahme zeigt die Rippen des Rumpfes. Sie waren mit imprägnierter Leinwand überzogen, um das Flugzeug leichter zu machen.

D

E

F

G

C - Man weiß nur wenig über die Ursachen des Absturzes. Heute liegt die Maschine etwa in 45 Metern Tiefe. Dieses Foto zeigt vermutlich die Kanzel des Bordschützen.

D - Noch immer liegt diese Metalltruhe mit ihrem Deckel im Cockpit.

E - Die Gashebel und einige Instrumente sind noch an Ort und Stelle.

F - Das deutsche Militärflugzeug ist heute vollständig mit bunten Schwämmen bewachsen.

G - Auf einem der Flügel erkennt man noch die deutschen Hoheitszeichen.

Der Tauchgang zum Wrack

Es geht ziemlich tief hinunter, bis in den Grenzbereich des nichtprofessionellen Tauchers, denn die Nase der Maschine liegt 44 Meter, das Heck 38 bis 40 Meter tief. Sie haben für ihre Exkursion also nur wenig Zeit, und wir empfehlen Ihnen, sich im Tauchklub von Capraia über die genaue Position des Wracks zu informieren. So ersparen Sie sich die zeitraubende Suche entlang der langen Sandbank. Das Wasser ist beinahe immer kristallklar, so daß Sie schon nach wenigen Metern den höheren Teil des Felsvorsprungs sehen können. Das Flugzeug liegt mit dem Heck nach oben gegen den Felsen gelehnt. Es lohnt sich, ein Stück von dem Felsen wegzuschwimmen, um das gesamte Wrack betrachten zu können. Von dem Flugzeugrumpf ist inzwischen nur noch ein dichtes Geflecht von Aluminiumspanten übrig, so daß man schon einige Zeit braucht, um die Hauptstrukturen zu erkennen. Die Maschine liegt auf ihrer linken Seite; das offene Cockpit weist nach Osten. Der hintere Teil des Cockpits, in dem vermutlich der Bordschütze saß, enthält einen zierlichen, geöffneten Kasten, in dem vermutlich Munition oder andere Ausrüstung aufbewahrt wurde. Das vordere Cockpit sieht mit seinen Instrumentenanzeigen großartig aus. Man erkennt die Hebel, die vermutlich die Luftzufuhr steuerten, mehrere Knöpfe und die eigentlichen Instrumente. Einige Armaturen sind noch vorhanden, obwohl sie herausgerissen wurden, andere fehlen schon. An dem massiven Flügel sieht man eines der großen Maschinengewehre. Es bleiben noch viele weitere interessante Einzelheiten zu entdecken, die Heckradaufhängung, eine Luke, eine weitere Öffnung (vermutlich ein abschließbares Fach) und noch viele andere. Auch der Motor befindet sich hier, doch da das Schleppnetz kaum etwas davon freigibt, empfehlen wir Ihnen dringend, damit keine Zeit zu verschwenden.

NASIM II

von Roberto Rinaldi

Bewertung:

Ortung: durchschnittlich schwer
Sicht: normalerweise ausgezeichnet
Strömung: keine
Schwierigkeit des Tauchgangs: hoch
Netze / Leinen: keine
Historisch interessant: kaum
Fotografisch interessant: mäßig
Biologisch interessant: kaum

Schiffstyp: Fähre
Nationalität: Panama
Baujahr: 1959
Gewicht: 700 Tonnen
Gesunken: 12.2.1976
Ursache: Kollision gegen die Felsen
Ort: zwischen Cala Maestra und Punta Penello
Entfernung von der Küste: etwa 100 Meter
Minimale Tiefe: 45 Meter
Maximale Tiefe: 60 Meter

Es war der 11. Februar 1976. Die Nasim II machte die Leinen bei Leghorn los und nahm Kurs auf Nordafrika und den ägyptischen Hafen Alexandria. Sie hatte etwa 50 Autos und mehrere Anhänger an Bord. Nach Berichten von Augenzeugen war die See in jener Nacht ruhig,

A

B

C

D

A - Vom Vordeck aus kann man in die Fenster der Brücke sehen. Dieses Foto entstand mit aufwärts gerichtetem Objektiv, um das natürliche Licht zu nutzen.

B - Vom Heckabschnitt des Wracks kommend, schaut ein Taucher in einen Gang. Er kann nur wenige Meter ins Innere eindringen, denn die Kabine endet blind und ist vollständig leer.

C - Dieses Foto zeigt das Achterdeck der Nasim II. Man erkennt die noch gut erhaltenen Ankerwinden und den Steuerbordlüfter. Ein wenig weiter verlaufen die Gänge zu den Mannschaftsräumen, in die man einige Meter vordringen kann.

D - Unter die Backbordseite des Schiffes vorzudringen, wird mit Sicherheit zum spannenden Abenteuer. Zwischen dem Sand und den Platten gelangt man zum Deck, wo die Strömungen eine tiefe Furche in den Meeresgrund gegraben haben.

und dennoch lief das Schiff auf die Felsen von Punta Scaletta. Nahe der Küste sank es dann zwischen Punta Penello und Cala Maestra. Damals hatte ich mit dem Tauchen gerade erst begonnen, aber ich erinnere mich noch gut an die Geschichten der Taucher, die von der Insel Giannutri zurückkehrten. Sie brachten ganze Ladungen von Autoreifen, Türen und Sitzen mit, praktisch alles, was sich vom Schiff und den Autos entfernen und nach einer entsprechenden Reinigung verkaufen ließ. Auch fällt mir der Bericht eines alten Zimmermanns ein, der vermutlich Augenzeuge des Schiffsuntergangs war. Demnach soll die Mannschaft nach dem Aufprall versucht haben, das Schiff in Richtung des Hafens von Cala Maestra zu lenken, um es dort auf Sand zu setzen - allerdings ohne Erfolg. Diese Richtung dürfte jedoch erklären, warum der Bug der Nasim heute nicht nach Süden, wie es für ein Schiff dieser Route normal wäre, sondern nach Norden gerichtet auf dem Sandboden liegt. Vielleicht hatte sich das Schiff bei dem Versuch, eine so radikale Kursänderung vorzunehmen, komplett umgedreht. Als die Nasim II unterging, fuhr sie schon unter panamesischer Flagge, doch war sie Ende der fünfziger Jahre in den Werften der Brooke Marine Ltd. in England gebaut worden. Sie hatte also über 15 Jahre lang Dienst getan, als sie gegen die Felsen vor Giannu-

E

F

E - Ein Taucher unterhalb des großen Schiffes. Wie das auf dem Sand liegende Sieb vermuten läßt, führt die Luke vermutlich zur Kombüse. Es sei daran erinnert, daß Sie keinesfalls ins Innere eindringen sollten.

F - Unter Holzstapeln und den Resten der Einrichtungsgegenstände scheint ein Polychaet durch die offenen Fenster der Brücke hineinzuspähen.

G - Normalerweise sind die Schrauben das erste Anlaufziel jedes tauchenden Besuchers. Von dort aus schwimmt man über die Reling weiter und - in geringerer Tiefe - am Deck entlang.

H - Diese Aufnahme entstand im Inneren der Nasim II: Anfang der achtziger Jahre bin ich leichtsinnigerweise hineingestiegen. Heute wäre es sogar noch gefährlicher, denn zahlreiche Kabel haben sich im Laufe der Jahre gelöst.

tri stieß, die geladenen Autos verlor und rasch versank. Heute liegt sie auf der Steuerbordseite in etwa 60 Metern Tiefe auf sandigem Meeresgrund. Ihre Brücke weist auf die offene See und das Heck in Richtung Cala Maestra. Die Autos, die sie geladen hatte, findet man in einer Tiefe zwischen 30 und über 60 Metern auf dem Meeresboden verstreut. Der sehr anspruchsvolle Tauchgang zur Nasim II bleibt ausschließlich erfahrenen Tauchern vorbehalten. Ganz anders verhält es sich mit den Autos, von denen einige im flacheren Wasser liegen und sowohl in technischer als auch in organisatorischer Hinsicht weniger voraussetzen. Allen, die die Nasim zum ersten Mal besuchen, rate ich daher immer, bei den Autos zu beginnen. So wird man mit den Umständen vertraut und lernt die Umgebung kennen, ehe man das eigentliche Wrack erkundet.

Sie sollten in der Bucht von Cala Maestra beginnen, indem Sie sich der Mole an der anderen Seite der Bucht mit einem Boot nähern. An der äußersten Landspitze ist dicht am Wasser auf den Steinen ein kleiner Metallpoller zu sehen. Hier, über einem von Posidonia bedeckten Meeresboden, sollten Sie festmachen. Wenn Sie im Wasser sind, folgen Sie dem Verlauf des Sandbodens dieser Bucht und dem Posidonia-

G

H

A

A - Dieses Auto - es ging mit vielen anderen unter, als die Nassim II sank – liegt in einer Tiefe von 60 Metern unmittelbar unter dem Schiffsbug.

B

B - Ganz vorsichtig bewegt dieser Taucher seine Flossen, um keinen Sand aufzuwirbeln, der die Sicht einschränken würde. Hinter ihm liegt ein Auto, das unweit des Schiffszentrums, genau unter der Brücke, versank.

C

C - Diese beiden Autos, die 55 Meter tief zwischen dem Schiff und dem Grat liegen, wurden zur Heimat vieler ungewöhnlich großer Drachenköpfe.

Bett. Bleiben Sie links vom Sand, bis ein Vorsprung zu Ihrer Linken auftaucht. Wenn Sie dann dem oberen Grat folgen, stoßen Sie auf die ersten versunkenen Autos, die sich in etwa 30 Metern Tiefe auf dem Hang gehalten haben. Unter Ihnen ist der Meeresgrund nun 45 Meter tief, und hier liegt der „Wagenpark", wie wir ihn scherzhaft nennen. Der Boden ist nicht vollkommen flach, sondern wird zum Meer hin langsam tiefer. Während Sie von einem Auto zum nächsten vordringen, können Sie sich also plötzlich tiefer befinden als geplant. Der „Wagenpark" ist auch für weniger erfahrene Taucher geeignet, denn auch die 45 Meter sind keine Durchschnittstiefe. Bei einem großen Teil des Tauchgangs bleiben Sie etwa 30 Meter tief, und an dem steilen Hang entlang aufsteigend, befinden Sie sich bald in der richtigen Dekompressionstiefe. Von dort kommen Sie leicht zu dem Punkt zurück, an dem Sie Ihr Boot verließen, und schwimmen dann mühelos in drei Metern Tiefe der felsigen Landzunge nach.

Erfahrene Taucher können vom „Wagenpark" aus weitertauchen, bis der enorme Bug der Nasim II im klaren Wasser auftaucht. Hier, in einer Tiefe von etwa 55 Metern, endet der erste Erkundungstauchgang.

D

D - Ein Schwarm kleiner Fahnenbarsche belebt die Reste eines Autos.

Jetzt müssen Sie nur die Route zurückverfolgen und, nachdem Sie sich die Örtlichkeiten eingeprägt haben, den nächsten Tauchgang planen. Wenn Sie ein Boot mit Echolot besitzen, erübrigt sich der Einsatz von Landmarken. Sie müssen lediglich von der Küste aus einige hundert Meter aufs Meer hinausfahren, und die Anzeigenadel springt von 60 auf 48 Meter Tiefe. Einen brauchbaren Bezugspunkt bildet eine dreieckige Gruppe natürlicher Risse im

E - Die Reste dieses kopfunter „geparkten" Autos führen das ganze Drama des Untergangs der Nasim II vor Augen, die vom 11. auf den 12. Februar 1976 sank.

F, G - Ein Tauchgang zur Nasim II beginnt am besten beim sogenannten „Wagenpark". Hier ist das Wasser nicht besonders tief - bis 45 Meter -, und man findet viele der 50 Autos, die sich auf dem Schiff befanden.

F

E

G

Gestein. Wenn Sie diese Landmarken achtern halten und auf die offene See hinausfahren, werden Sie zwangsläufig über das Wrack hinwegfahren. So oder so werden Sie die in den Diagrammen eingezeichneten Marken zum Bug des Wracks führen. Bleiben Sie hier, und achten Sie darauf, den Anker zwischen dem Wrack und der Küste auszuwerfen - natürlich nur, wenn Sie kein bemanntes Begleitboot haben, das Ihren Luftblasen folgt. Aber auch wenn dies der Fall sein sollte, seien Sie vorsichtig: Die Luftblasen bleiben leicht unter den Metallplatten der Nasim hängen, und man kann Ihren Bewegungen vom Boot aus nicht mehr folgen.

Nachdem der Anker auf Grund liegt, kann der Tauchgang beginnen. Schon in 20 Metern Tiefe sollten Sie die Seite des Schiffes sehen können. Verlassen Sie dann die Wurfleine und steigen diagonal in Richtung des Hecks ab. Dieser tiefste Punkt eignet sich für den Beginn der Erkundung am besten. Wir empfehlen, zuerst die Schrauben zu fotografieren und dann am Deck entlangzuschwimmen. Dabei können Sie die Aufbauten betrachten und einen Blick auf die Brücke werfen. Man kann nur durch wenige Öffnungen in die Nasim eindringen, und selbst in diesen Fällen wäre dies ein äußerst gefährlicher Leichtsinn: Beinahe alle enden in einer „Sackgasse", und überall haben sich im Laufe der Jahre elektrische Kabel von den Wänden gelöst und bilden tückische Fallen.

Wenn Sie die Brücke hinter sich haben und auf den Bug zuschwimmen, werden Sie andere Autos auf dem Sand bemerken. Es lohnt sich aber nicht, in eine Tiefe von 60 Meter auf den Grund zu tauchen. Legen Sie lieber an der Bugspitze eine Pause ein und betrachten den tiefen Riß im Kiel, der beim Aufprall auf die Felsen entstand.

Wenn der Tauchgang gut geplant war, sollte Ihr Ankerseil jetzt direkt über Ihnen hängen, so daß Sie einen leichten und sicheren Aufstieg haben.

ANNA BIANCA

von Roberto Rinaldi

Bewertung:

Ortung: durchschnittlich schwer
Sicht: normalerweise ausgezeichnet
Strömung: keine
Schwierigkeit des Tauchgangs: durchschnittlich
Netze / Leinen: keine
Historisch interessant: kaum
Fotografisch interessant: ja
Biologisch interessant: mäßig

Schiffstyp: Handelsschiff
Nationalität: Griechenland
Baujahr: unbekannt
Gewicht: unbekannt
Gesunken: Anfang der siebziger Jahre
Ursache: unbekannt
Ort: bei Cala Ischiaion
Entfernung von der Küste: etwa 150 Meter
Minimale Tiefe: etwa 35 Meter
Maximale Tiefe: etwa 52 Meter

ANNA BIANCA

A

B

C

A - Auf dieser Aufnahme können wir das gesamte Heck der Anna Bianca bewundern. Die Klarheit der Gewässer vor Giannutri und die kompakten Abmessungen des Lastschiffs ermöglichen Weitwinkelaufnahmen.

B - Eine dichte Gruppe von Tunicaten bedeckt die Davits der Rettungsboote. Leider sind einige dieser Aufbauten beschädigt: Sie waren vermutlich von Bootsankern getroffen worden.

C - Mehrere Anlegetaue hängen von einem Heckluke herunter.

Wir entdeckten das Wrack der Anna Bianca schon Anfang der achtziger Jahre. Eines Abends nach dem Essen erwähnte ein alter deutscher Seemann erstmals ein Wrack. Es lag, wie er sagte, nicht weit von dem Wrack der Nasim II, die vier oder fünf Jahre zuvor gesunken war. Seine Beschreibung des Fundorts und der Zusammenhänge dieses Wracks wirkten ziemlich vage und rochen trügerisch wie seine Bierfahne. Seiner Erzählung nach war das Schiff in einer ruhigen Winternacht explodiert, ohne daß es unter der Besatzung Opfer gab. Nach dem Untergang des Schiffes sollen, wie der alte Seebär berichtete, große Mengen eines weißen Pulvers an die Oberfläche gestiegen sein: „Ach so", dachten einige von uns, „vermutlich Drogen", und planten sofort eine Bergungsaktion. „Nein, nur Bimssteinpuder, ein Teil der Ladung", antwortete der Deutsche. Er behauptete, damals vor Ort gewesen zu sein, und nach seiner Schätzung mußte das Wrack in einer Tiefe von 20 Metern liegen. Mit ziemlich gemischten Gefühlen suchten wir am nächsten Morgen Costante Morbidelli auf, dem die Taverna del Granduca in der Bucht von Maestra gehörte. Dieser bewohnte die Insel schon seit Jahren und war als Informant sicher verläßlicher als der Deutsche. Er bestätigte die Fakten und beschrieb, was in jener Nacht Anfang der siebziger Jahre geschehen war. Er hatte den Todeskampf des Schiffes mitangesehen, das ein heftiger Sturm auf die Klippen geworfen hatte. Die Besatzung brachte sich in Sicherheit und überließ den Frachter den Elementen, bis er nach einigen Stunden sank. Die Frage war nur, wo. Nun, da wir wußten, daß das Wrack existierte, intensivierten wir unsere Suche. Da Costante uns keine genaue Position geben konnte, begannen wir, ohne Atemgeräte die Bucht von Ischiola systematisch abzutauchen. Nach Aussage des Deutschen hätte das Wrack höchstens 25 Meter tief liegen dürfen und wäre in den klaren Gewässern von Giannutri sicherlich zu sehen gewesen - wenn nicht von der Oberfläche aus, dann wenigstens in einigen Metern Tiefe. Tatsächlich fanden wir das Schiff einige Stunden später unmittelbar vor einer großen Höhlenöffnung im Fels. Ich erinnere mich noch an die Enttäuschung, die mich befiel: Wir hatten nach einem Schiff gesucht, und was wir nun sahen, schien kaum größer zu sein als die Reste eines großen Motorboots. Dies war natürlich nur eine optische Täuschung, hervorgerufen durch das klare Wasser. Als wir uns gerade unter der Oberfläche befanden, glaubten wir, der Meeresboden befinde sich in einer Tiefe von 25

Metern. In Wahrheit war er jedoch volle 40 Meter tief, und was wir gefunden hatten, war kein Motorboot, sondern ein Frachter. Sollten Sie sich also zu einem Besuch der Anna Bianca entschließen, erwartet Sie eine Tauchtiefe von 40 Metern. Dennoch ist der Tauchgang verhältnismäßig einfach, wenn Sie Ihr Begleitboot unmittelbar über dem Wrack verankern. Es liegt in einer relativ geschützten Bucht, in der wir niemals starke Strömungen festgestellt haben. Sie starten an der Bucht von Maestra und umfahren die Landspitze von Penello. Sofort werden Sie die große Höhle finden und, etwas weiter, auf dem Kliff eine Villa mit einem großen Fenster mit Blick auf das Meer sehen. In den Fels geschlagene Stufen führen von der Villa ins Wasser. Die Zeichnung der von Landmarken abgeleiteten Durchgangsstadien wird Ihnen helfen, die richtige Stelle zu finden.

Dennoch kann ein Echolot hilfreich sein, um die richtige Position zum Schiff zu bestätigen. Sie sollten den Anker zwischen dem Wrack und der Küste hinunterlassen, nicht auf der anderen Seite, und reichlich Leine geben, damit der Anker garantiert auf dem Sandboden hält.

Nach den ersten Metern werden Sie die Anna Bianca sehen, oder wenigstens ihren Heckbereich, denn das Schiff liegt auf der Steuerbordseite mit dem Deck zur Küste. Die Schraubenwellen befinden sich noch an der Schiffsunterseite, doch wurden die Schrauben selbst schon entfernt. Der Meeresgrund ist exakt 40 Meter tief, der höchste Teil des Wracks liegt in etwa 30 Metern Tiefe. Es ist also ein relativ kleines Schiff und daher mit einem 15-Millimeter-Objektiv leicht vollständig aufzunehmen. Zudem wirkt es durch die differenzierten Heckaufbauten mit dem Schornstein und den Lüftern sehr fotogen. Die Davits der Rettungsboote sind vor einigen Jahren zusammengebrochen, wirklich schade, denn sie waren vollständig von durchsichtigen Tunikaten bewachsen. Auf dem Weg zum Heck stoßen Sie auf eine alte Trosse. Sie ragt aus einer Luke hervor, die von großen, weißen Polychaeten besiedelt ist. Ein Stück weiter geben zwei Öffnungen den Blick in den Maschinenraum. Allerdings machen die Enge und herumliegende Wrackteile das Eindringen zu einem Risiko. Wenn Sie mit einer Lampe hineinleuchten, werden Sie darin vielleicht zahlreiche Meeraale und Muränen sehen. Ein wenig weiter stoßen Sie auf eine Masse verdrehter Metallplatten und auf eine Metallstruktur, die auf dem Meeresgrund liegt. Bei der letzteren handelt es sich vermutlich um die Messe, wie die noch am Boden befestigten Tischbeine vermuten lassen. Über eine kleine Tür gelangen Sie in ein kleines Badezimmer, in dem die Toilette und ein kleines Waschbecken noch an ihrem Platz stehen. In diesem Bereich des Wracks können Sie gut fotografieren. Dabei nutzen Sie das von oben eindringende Licht und die großen Polychaeten, die vom Boden emporstehen. Weiter zum Bug sehen Sie mehrere verdrehte Platten, und der Bug selbst liegt, vom übrigen Rumpf getrennt, auf dem Sand. Hier ist es über 50 Meter tief, und abgesehen von einer alten Ankerwinde gibt es nichts zu sehen.

D

E

F

D - Ein wenig weiter in Richtung Bug stößt man auf den Schornstein und die Lüfter sowie den Eingang zum Maschinenraum. Ins Innere des Wracks vorzudringen, ist schwierig und außerordentlich gefährlich.

E - Dieses Foto wurde von oberhalb des Wracks aufgenommen. Es zeigt genau Lage und Erhaltungszustand des vor Giannutri liegenden Frachters.

F - Einer der zahlreichen Polychaeten, die auf den Schiffsplatten leben, wurde seinerseits zum Substrat eines kleinen Bündels von Tintenfischeiern. Im Hintergrund erkennt man das Heckprofil der Anna Bianca.

DAS LANDEFAHRZEUG VON PONZA

von Roberto Rinaldi

Bewertung:

Ortung: leicht
Sicht: normalerweise ausgezeichnet
Strömung: keine
Schwierigkeit des Tauchgangs: einfach
Netze / Leinen: keine
Historisch interessant: mäßig
Fotografisch interessant: mäßig
Biologisch interessant: kaum

Schiffstyp: Landefahrzeug
Nationalität: Großbritannien
Baujahr: 1942
Gewicht: unbekannt
Gesunken: 23.2.1943
Ursache: Unwetter
Ort: unweit von Punta Papa
Entfernung von der Küste: etwa 100 Meter
Minimale Tiefe: 18 Meter
Maximale Tiefe: 26 Meter

DAS LANDEFAHRZEUG VON PONZA

A

Ein Landefahrzeug ist nicht gerade ideal, um die rauhe See zu befahren. Genau dies aber war die Aufgabe der alliierten Streitkräfte, die im Zweiten Weltkrieg im Mittelmeerraum operierten. Damals waren beinahe sämtliche Häfen der italienischen Halbinsel und der besetzten Gebiete in der Hand der Achsenmächte. Für eine Invasion benötigte man Fahrzeuge mit sehr geringem Tiefgang, die Truppen und Fahrzeuge an jedem beliebigen Strand landen konnten. Daher wurden viele dieser Fahrzeuge für die britische Marine hergestellt: 105 Meter lang, 16 Meter breit und mit einem Tiefgang, von - je nach Ladung - eineinhalb bis drei Metern. Ihre beiden 5500-PS-Motoren ermöglichten eine Reisegeschwindigkeit von über zehn Knoten. Außer 200 Mann Besatzung und Truppen transportierte ein Landefahrzeug auch Kampffahrzeuge und Lastwagen. Zu ihrer Verteidigung trugen die Landungsschiffe zwei 40-Millimeter-Kanonen und sechs 200-Millimeter-Maschinengewehre zur Flugabwehr.

Das Landefahrzeug 349 Mk. III, das heute vor Punta Papa (auf der Insel Ponza) auf Grund liegt, verließ Anzio in der Nacht des 22. Februar 1943 mit Kurs auf Neapel. Es hatte etwa 50 deutsche Kriegsgefangene, mehrere Fahrzeuge und Munition an Bord. Der Kapitän des Schiffes wußte nur zu gut, daß er sich vor schwerer See hüten mußte. Als der Wind zunahm und die Wellen immer höher schlugen, beschloß er, sich in die Nähe der Insel Palmarola zurückzuziehen, die gegen den immer stärker werdenden Mistral einigermaßen Schutz bot. Leider waren die Maschinen dem Kampf mit den Elementen nicht gewachsen, und das Schiff wurde gegen die Insel Ponza gedrängt. Die Mannschaft bot ihr ganzes Können auf und warf Anker

B

C

D

A - Der Heckabschnitt des Wracks, der etwa einhundert Meter vom Bug entfernt unterging und weiter buchteinwärts liegt, erhebt sich für den Taucher bedrohlich vom Meeresgrund.

B - Der hier gezeigte Heckteil wird seltener besucht, bietet aber noch immer eine Reihe interessanter Objekte. Dieser Abschnitt steht aufrecht, und die wichtigsten Aufbauten sind noch gut erhalten.

C - Am Bug sind die Türme noch mit ihren Maschinengewehren und Geschützen bewaffnet. Eines davon ist hinter der Ankerwinde im Vordergrund auf dem Deck zu sehen.

D - Der Schiffsbug ist der am schwersten bewaffnete Abschnitt. Seine Geschütze und Maschinengewehre waren dafür ausgerichtet, die landenden Männer und die Fahrzeuge zu schützen.

in der Nähe der Bucht von Feola. Aber auch dieser letzte, verzweifelte Versuch, das Schiff zu retten, blieb vergeblich: Die starken Wellen rissen die Vertäuung los und begannen, das Fahrzeug gegen die Felsen von Punta Papa zu schlagen. Schließlich brach es auseinander und sank. Die Inselbewohner versuchten nach Kräften, Überlebende zu retten, und warfen Seile und Schwimmwesten ins Meer. Dennoch waren viele Todesopfer zu beklagen: Man fand über dreißig tote Kriegsgefangene und Matrosen sowie die Leiche des Kapitäns, der noch vor dem Verlust seines Schiffes Selbstmord begangen hatte. Ganz im Gegensatz zu diesen dramatischen Ereignissen ist die Umgebung des Wracks heute vollkommen ruhig: Es liegt in kristallklarem Wasser auf weißem Sandboden.

E

E - Ein Taucher betrachtet die ungewöhnlichen Konstruktionen, die dazu dienten, Schraube und Ruder zu schützen.

F

F - Die auf dem Deck des Landefahrzeugs angebrachten Maschinengewehre und Geschütze sind für begeisterte Wracktaucher eine große Attraktion. Die Tatsache, daß sie bisher der Korrosion des Wassers widerstanden und sich auf ihren Türmen in alle Richtungen drehen lassen, macht sie noch interessanter.

Der Tauchgang zum Wrack

Das Landefahrzeug ist sehr leicht zu orten. Sie müssen lediglich Punta Papa an der Bucht von Feola identifizieren. Ihr Begleitboot können Sie in der Nähe des Tauchpunkts an einem der aus dem Wasser ragenden Felsen festmachen. Das Wrack liegt dann beinahe direkt unter Ihnen und ist im klaren Wasser leicht zu erkennen. Mit wenigen Flossenschlägen erreichen Sie den Bugabschnitt, der aufrecht in einer Tiefe von etwa 26 Metern liegt. Die Brücke, die bei der Landung der Männer und Fahrzeuge abgesenkt wurde, ist nicht mehr vorhanden. Dadurch bildete sich unter Deck eine Art Tunnel, auf dem wunderschöne gelben Gorgonien Nahrung aus der Strömung filtern. Wenn Sie das Wrack erreicht haben, werden Sie versuchen wollen, unter Deck zu gehen: Widerstehen Sie der Versuchung, da Ihre Luftblasen zur Decke aufsteigen und die zahlreichen Risse in den Metallplatten durchdringen. Dabei wühlen sie das Sediment auf und verhindern gute Aufnahmen vom Äußeren des Schiffes. Es ist also viel klüger, zunächst das Deck zu untersuchen, wo die Maschinengewehre noch an ihrem Platz stehen und sich mühelos drehen lassen. Hier, in einer Tiefe von etwa 18 Metern, können Sie sich ohne besondere Probleme aufhalten. Das klare Wasser ermöglicht gute Aufnahmen des ganzen Wracks. Fotografieren Sie vielleicht auch Einzelheiten, wie die Maschinengewehre und den Gang zu einer kleinen Kabine, die in den Laderaum führt - ein klassisches Motiv aller Fotografen, die dieses Wrack bisher betaucht haben. Viele Taucher merken nicht einmal, daß der Heckteil noch immer existiert - er liegt etwa 100 Meter von der Bucht entfernt. Wenn Sie der Spur der am Meeresboden verstreuten Wrackteile folgen, können Sie mit etwas Instinkt das Heck sogar unter Wasser orten. Besser ist es aber, den Heckabschnitt in einem zweiten Tauchgang anzugehen, obwohl dieser, wie ich zugeben muß, weitaus uninteressanter ist als der Bug. Wie bereits erwähnt, befinden Sie sich hier innerhalb der Bucht, die höchstens 20 Meter tief ist. Obwohl ein großer Teil des Hecks im Sand begraben ist, liegt auch dieser Abschnitt aufrecht. Einige der Deckaufbauten sind noch an ihrem Platz, doch haben sich die Kabinen heute beinahe vollständig mit Sediment gefüllt, so daß Sie sich hüten sollten, dort einzudringen. Schwimmen Sie besser über das Wrack, das sich für Weitwinkelaufnahmen eignet.

G

G - Sowohl beim Untergang als auch durch die Einwirkung der Korrosion wurden die Deckaufbauten am Bug erheblich beschädigt.

SANTA LUCIA

von Roberto Rinaldi

Bewertung:

Ortung: schwierig
Sicht: normalerweise ausgezeichnet
Strömung: manchmal
Schwierigkeit des Tauchgangs: durchschnittlich/hoch
Netze / Leinen: einige
Historisch interessant: mäßig
Fotografisch interessant: mäßig
Biologisch interessant: mäßig

Schiffstyp: Fähre
Nationalität: Italien
Baujahr: unbekannt
Gewicht: unbekannt
Gesunken: 10.7.1943
Ursache: Angriff durch Torpedobomber
Ort: nahe den Felsen von Sconciglie
Entfernung von der Küste: etwa 3,7 Kilometer
Minimale Tiefe: 39 Meter
Maximale Tiefe: 46 Meter

SANTA LUCIA

Das Wrack der Santa Lucia kann zu Recht als ein Kriegswrack gelten, obwohl dieses Schiff nicht eigentlich zur Marine gehörte. Die Santa Lucia war ein bescheidenes Fährschiff, ein „Postschiff", wie es von den Bewohnern jener kleinen Inseln genannt wurde, die es mit dem Festland verband. Am 10. Juli 1943 verließ das „Postschiff" Ponza mit Kurs auf die kleine Insel Ventotene, wo es weitere Passagiere aufnehmen sollte. Es waren schon über hundert Menschen an Bord, darunter ein frischvermähltes Paar. Das Schiff hatte schon fast Ventotene erreicht, wo weitere hundert Passagiere warteten, als plötzlich sieben allierte Flugzeuge am Himmel auftauchten. Kapitän Simeone hielt sie für Kampfflugzeuge und wies Mannschaft und Passagiere an, unter Deck Schutz zu suchen, als die ersten Maschinengewehrsalven auf dem Schiff einschlugen. Leider waren es keine Kampfflugzeuge, sondern Torpedobomber, und ein Torpedo der letzten Maschine traf die Santa Lucia mittschiffs. Sie brach entzwei, und vor den entsetzten Augen derer, die am Kai von Ventotene warteten, sank sie wie ein Stein. Von den unter Deck befindlichen Personen hatte keiner eine Chance, der Katastrophe zu entkommen. Vergeblich bemühte sich Kapitän Simeone, das Schiff auf den vor Ventotene vorkommenden Untiefen aufzusetzen und dadurch zu retten. „Ich habe mein Möglichstes versucht, sie auf die Felsen zu setzen" waren seine letzten Worte zu einem Fischer, der versucht hatte, ihn zu retten. Heute steht der Bug der Santa Lucia noch immer der Insel zugewandt, wie Simeone sie ausgerichtet hatte, ehe sie sank.

Ich sollte jedoch von vorn beginnen und die Lage dieses interessanten Wracks beschreiben. Es ist keineswegs leichter, sie ohne genaue Koordinaten zu orten, zumal sie mehrere Meilen vor der Küste von Ventotene auf flachem Meeresboden in über 40 Meter Tiefe liegt. Es kann aber hilfreich sein, sich an der Landspitze von Eolo gegen das Zentrum des Gefängnisses von Bourbon auf der Insel Santo Stefano auszurichten und entlang dieser Linie zu bewegen, bis die Stadthalle hinter diesem Punkt auftaucht. Da sich die Gestalt des Wracks deutlich gegen den flachen Meeresgrund abhebt, ist ein präzise arbeitendes Echolot von Vorteil, wenn Sie das Gebiet erreicht haben. Ist die Stelle endlich gefunden, ankern Sie, und lassen Sie dabei genügend Leine, damit der Anker auf dem sandigen Grund Halt findet. Wenn Sie entlang des Seiles durch das klare Wasser absteigen, werden Sie schnell auf dem Grund abwechselnd helle und dunkle Flächen erkennen. Das Gebiet ist von weißem Sand bedeckt, und im Umkreis der dunklen Wrackmasse findet man verstreute Felsen und Ansammlungen von Posidonia. Das Schiff ist in mehrere Teile zerbrochen; der Bugabschnitt liegt auf dem Kopf und weist in Richtung Ventotene. Es folgt eine deformierte, verdrehte Eisenmasse - vermutlich die Stelle, an der der Torpedo eingeschlagen und die Explosion das Schiff zerrissen hatte. Ein wenig weiter, in einem Winkel von beinahe 90 Grad zum Bug, finden Sie den Heckteil auf seiner Backbordseite liegend und noch

A

B

C

A - Der kleine Bug der Fähre Santa Lucia, die auf ihrer Backbordseite auf sandigem Meeresgrund liegt. Noch immer ist vieles auf ihrem Deck zu sehen, darunter mehrere Ankerwinden und die Reling.

B - Ein Taucher begutachtet den umgedrehten Bug, der ein gutes Stück vom mittleren Abschnitt des Schiffes entfernt liegt.

C - Deutlich erkennt man am Bug die beiden Anker, die sich noch immer in den Klüsen befinden. Tatsächlich war das Schiff unterwegs, als es von den britischen Torpedobombern angegriffen wurde. Der Bugabschnitt muß sehr schnell gesunken sein, denn die Anker hatten keine Zeit, aus ihren Fächern herauszugleiten.

D

E

F

D - Der zentrale Teil der Santa Lucia ist nur noch ein Haufen Altmetall, der den Bug- und den Heckteil verbindet. Trotz der enormen Explosionen und des darauffolgenden Untergangs blieb das Glas dieses Bullauges erstaunlicherweise unversehrt.

E - Schwimmt man weiter über das Deck, stößt man auf diesen vollkommen zugewachsenen Poller.

F - Ein Taucher unter dem Bug der Santa Lucia. Wieder sieht man die große Ankerkette aus der Heck-Klüse heraushängen.

relativ unversehrt. Von den ersten Metern des Tauchgangs an wird Sie der Anblick der um das Wrack herumschwimmenden Fischschwärme verzaubern. Sie begegnen dichten Sardinenschwärmen, ganzen Wolken von Meerbrassen und manchmal auch Gruppen von Thunfischen. Lange Zeit war ein riesiger Zackenbarsch der unbestrittene Herr des Schiffes, doch wurde er schon lange nicht mehr gesehen, und da keine Berichte über Fänge so großer Exemplare vorliegen, können wir nur annehmen, daß er an Altersschwäche starb. Mit etwas Glück begegnen Sie auch einem Heringskönig und zwei Mondfischen. Wenn Sie den Grund erreicht haben, sollten Sie sich direkt zum Heck begeben, das in einer Tiefe von 46 Metern den tiefstenTeil des Tauchgangs ausmacht. Das Poopdeck ist mit Winden und verschiedenen Aufbauten besetzt. Die gut erhaltene Reling gibt ein eindrucksvolles Motiv ab, die Schraube liegt jedoch eingeklemmt zwischen dem Rumpf und einem Felsen und ist schwer zu fotografieren. Hier kann man einem großen Meeraal und einer großen Familie von Meerraben begegnen. Vorsicht bei der Untersuchung des hinteren Teils, denn hier gibt es gefährliche Reste von Leinen und Netzen, die Fischern verlorengingen. Bei weiterem Vordringen stoßen Sie auf die zuvor beschriebene Beplattung. Werfen Sie einen vorsichtigen Blick zwischen das Metall und den Meeresgrund, da viele Fische in diesen Nischen Zuflucht suchen. Hier finden Sie auch ein unversehrtes Bullauge, das noch in den Metallplatten steckt und ein gutes Fotoobjekt bietet. Schließlich haben Sie den umgedrehten Bugabschnitt des Schiffes erreicht, wo Sie die großen Anker noch in ihren Klüsen fotografieren können. Versäumen Sie auch nicht, den ganzen Vorderabschnitt aufzunehmen, wobei vielleicht zur Verdeutlichung der Dimensionen ein Taucherkollege mit aufs Bild kommen sollte. Zum Schluß können Sie sich das wenige ansehen, das vom Deck zwischen dem Wrack und dem Meeresboden sichtbar blieb. Dazu sollten Sie sich mit einer starken Taschenlampe möglichst vorsichtig bewegen, zumal eine große Meerraben-Familie zwischen den großen Winden und den Ankerketten lebt, die heute auf dem Sandboden ruhen. So endet der Tauchgang, und Sie können entlang des Ankerseils zum Begleitboot zurückkehren.

ANGELIKA

von Andrea Ghisotti

Bewertung:

Ortung: leicht
Sicht: ausgezeichnet
Strömung: gering
Schwierigkeit des Tauchgangs: einfach
Netze / Leinen: keine
Historisch interessant: kaum
Fotografisch interessant: mäßig
Biologisch interessant: kaum

Schiffstyp: Handelsschiff
Nationalität: Griechenland
Baujahr: unbekannt
Gewicht: etwa 4000 Tonnen
Gesunken: 1982
Ursache: Kollision mit einer Untiefe
Position: 41° 15’ 54“ N; 9° 14’ 62“ O
Ort: vor Punta Marmorata
Entfernung von der Küste: 200 Meter
Minimale Tiefe: Oberflächenniveau
Maximale Tiefe: 19 Meter

ANGELIKA

Im allgemeinen betrachtet ein Seefahrer die Straße von Bonifacio, die als eines der meistbefahrenen Gebiete des Mittelmeers gilt, mit gebührendem Respekt und einem Hauch von Furcht. In dieser Straße treffen zwei Meere aufeinander: das Tyrrhenische und das Meer von Korsika und Sardinien. Beide sind außerordentlich tief, während die Straße an ihrer schmalsten Stelle höchstens 80 Meter Tiefe aufweist. Sicher können Sie sich nun die Intensität der Strömungen vorstellen, und hinzu kommt die Kraft der Mistrale und Libeccio-Winde, die nur manchmal vom Schirokko übertroffen werden. Bedenkt man außerdem, daß die korsischen und italienischen Gewässer von zahllosen Untiefen und vorspringenden Felsen übersät sind, werden die hohen Verluste der Schiffahrt verständlich, die im Laufe der Jahrhunderte in diesem Gebiet auftraten. Der Meeresboden ist von Wracks sämtlicher Epochen übersät, und an bestimmten Stellen werden sogar römische Amphoren von modernen Wracks überlagert, den rostigen Rümpfen der Frachter und Dampfer, die in den folgenden Zeiten versanken. Es kam zu ausgesprochen dramatischen Unfällen, etwa dem schmerzhaften, unvergeßlichen Untergang der großen französischen Fregatte Sémillante, die im Jahre 1855 mit 800 Soldaten zur Krim unterwegs war und dann auf die Felsen der Lavezzi-Inseln lief. Weder von der Besatzung noch von den Truppen hat irgendeiner überlebt. Andere Geschichten endeten glücklicher: Die ganze Mannschaft wurde gerettet, und die Trauer blieb allein den Versicherungsgesellschaften, die den Verlust eines weiteren Schiffes zu beklagen hatten. So war es auch bei der Angelika, einem der vielen griechischen Frachter, die die Meere und Ozeane befuhren und das Pech hatten, der Kraft dieser Gewässer zu unterliegen.

Es geschah 1982. Offiziell hatte das Schiff Zucker und andere Lebensmittel geladen, doch waren der Legende nach, wie sie um solche Wracks entstehen, weniger harmlose Artikel an Bord. In diesem Fall waren es gefährliche Chemikalien, Fässer mit umweltschädlichen Abfallprodukten, deretwegen das Schiff angeblich bei S. Teresa di Gallura nicht festmachen durfte. Vor Punta Marmorata, einem von Felsen, Inseln und diversen Untiefen umgebenen Kap, wurde das Schiff von den Wellen gepackt. Vielleicht führte ein mechanisches Problem oder ein Navigationsfehler dazu, daß die Ange-

A

A - Auf diesem Bild sieht man deutlich die Anlagen, die erforderlich waren, um die zum Beladen nötigen Flaschenzüge zu stützen. Der höchste Teil ragt aus dem Wasser, so daß man das Wrack leicht orten kann.

B

B - Da es keine starken Strömungen gibt, kann man auch das Schiffsinnere erkunden.

C

C - Während des Tauchgangs stößt man nahe des Sandbodens auf die dreiflügelige Schraube. Wie diese Aufnahme zeigt, sind die Flügel verbogen: Zweifellos lief die Schraube zum Zeitpunkt des Aufpralls noch und stieß gegen die Felsen.

D

D - Die von der Oberfläche eindringenden Sonnenstrahlen verstärken das Profil der überwucherten Reling am Heck und der Poller, um die einst die Anlegetaue liefen.

lika gewaltsam in einer dieser Untiefen auf Grund lief und - aus dem Wasser ragend - den Elementen preisgegeben war. Die etwa zwanzigköpfige Besatzung konnte sich in Sicherheit bringen. Unterdessen vollendete das Meer sein zerstörerisches Werk und verwandelte das Schiff in ein Durcheinander von Metallplatten, die heute über ein riesiges Gebiet auf dem Meeresgrund verteilt liegen. Man entdeckt das Wrack leicht an einem Mast, der noch immer vier Meter hoch aus dem Wasser ragt.

Der Tauchgang zum Wrack

Dank der unmittelbaren Küstennähe und der auf maximal 20 Meter begrenzten Tiefe gestaltet sich der Tauchgang zur Angelika nicht besonders schwierig. An bestimmten Tagen haben Sie es jedoch mit Strömungen zu tun, die das ganze Unternehmen erschweren. Trotz allem gehört die Angelika zu den meistbesuchten Wracks, denn an der Cala Marmorata, der Bucht, die sich zum Süden der gleichnamigen Insel öffnet, steht ein gewaltiger Komplex des Club Mediterranée, der täglich ganze Bootsladungen von Tauchern hierherbringt. Sie können den Tauchgang unmittelbar vor der Küste beginnen, wo Sie die ersten Metallplatten finden werden, oder direkt am Mast, der aus dem Wasser ragt und von dem aus Sie den Umfang des Wracks abschätzen können.

Dieser Mast befindet sich auf einer Kranbrücke, die dem Be- und Entladen den Schiffes diente. Es handelt sich um eine umgekehrt U-förmige Struktur, von der zahlreiche Flaschenzüge herunterhingen. Einige Winden, die den Kran betrieben, sind an seinem Sockel noch zu sehen. Die Gesamtansicht weckt Erinnerungen an frühere Zeiten und bildet zweifellos eines der interessantesten Fotomotive dieses Wracks. Schwimmen Sie dann weiter südwärts über die vollständig zerstörten Platten bis zum Achterdeck, das genauer zu betrachten sich wirklich lohnt. Obwohl es vom übrigen Schiff getrennt wurde, blieb es unversehrt. Viele der Türen und Fenster führen ins Innere der Brücke und anderer Kabinen, die sich mühelos und sicher erkunden lassen.

Die Erforschung des Wracks setzt sich zur Seeseite weiter fort, wo die Reste des Schiffs noch teilweise intakt blieben. Sie sehen die Maschine auf dem Meeresboden liegen, während ein großer Tank, ähnlich einem Heizkessel, sich noch immer im Rumpf befindet. Der Heckteil liegt auf seiner linken Seite. Die Reling ist noch unversehrt, die großen Poller und die dreiflügelige Schraube berühren nun den Sandboden. Die verformten Flügel der Schraube belegen, daß sich diese beim Aufsetzen noch gedreht haben muß und daß das Schiff mit diesem Teil zuerst den Boden berührte. Der restliche Schiffsrumpf ist zertrümmert und beinahe nicht mehr wiederzuerkennen. Es bietet ein Beispiel für die unglaubliche Gewalt der See und von ihrer schrecklichen Zerstörungskraft.

E

E - Die Erkundung des schwer beschädigten, aber immer noch eindrucksvollen Wracks setzt sich bei den großen Ankerwinden fort, die an der Basis der Ladekräne stehen.

F

G

F, G - Diese Fotos zeigen Einzelheiten und eine Übersicht des inneren Achterdecks, das Sie unbedingt aufsuchen sollten, obwohl es praktisch leer ist.

DIE CORSAIR VON CAPO COMINO

von Egidio Trainito

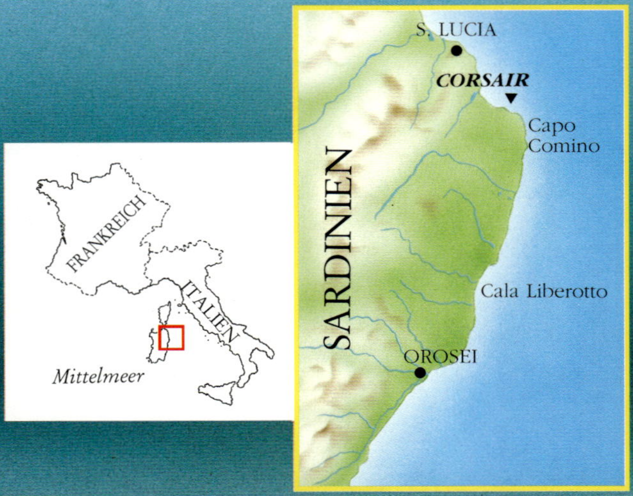

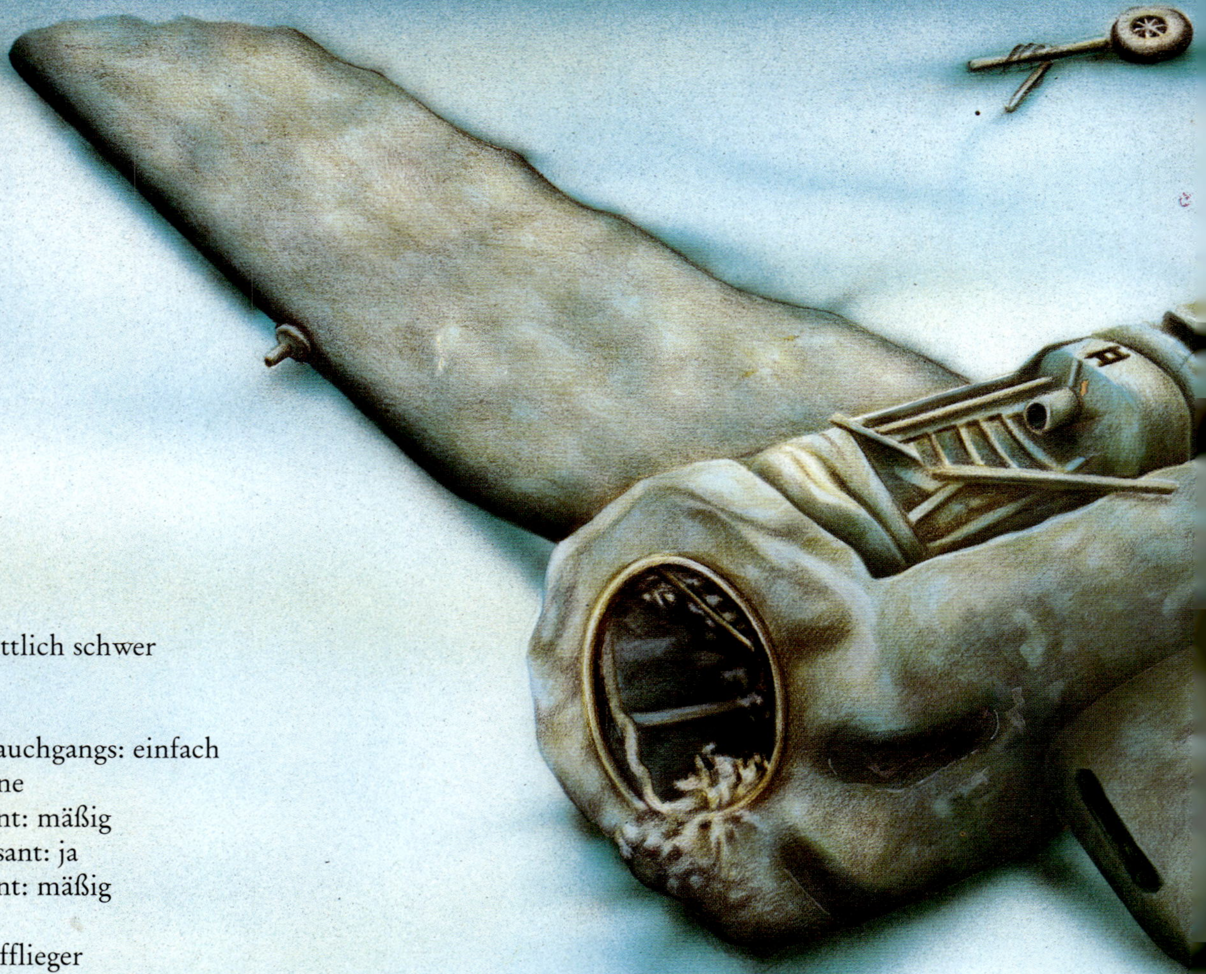

Bewertung:

Ortung: durchschnittlich schwer
Sicht: gut
Strömung: gering
Schwierigkeit des Tauchgangs: einfach
Netze / Leinen: keine
Historisch interessant: mäßig
Fotografisch interessant: ja
Biologisch interessant: mäßig

Flugzeugtyp: Kampfflieger
Nationalität: Frankreich
Baujahr: unbekannt
Flügelspannweite: 12,5 Meter
Länge: 10,16 Meter
Startgewicht: 5950 Kilogramm
Absturzdatum: vermutlich 1956
Ursache: technische Probleme
Ort: im Zentrum der Bucht nördlich von Capo Comino
Entfernung von der Küste: etwa 300 Meter
Minimale Tiefe: 4,5 Meter
Maximale Tiefe: 6 Meter

N
4,5 m
6 m

DIE CORSAIR VON CAPO COMINO

A

B

Die Geschichte der Corsair von Capo Comino ist recht unklar, in einiger Hinsicht sogar legendär. Offenbar war die Maschine aufgrund mechanischer Probleme Mitte der fünfziger Jahre ins Meer gestürzt. Sie hatte vom Flugplatz Toulon abgehoben, möglicherweise in Ajaccio nachgetankt und war auf dem Weg nach Saigon (Indochina). Dabei legte sie eine unbekannte Zahl weiterer Zwischenstopps zum Nachtanken ein. Das Flugzeug wurde vor der sardischen Ostküste notgewassert und sank auf den Meeresboden. Dort läge es heute noch, hätte es sich nicht in einem Schleppnetz verfangen, so daß es vor den Strand von Salina Manna geschleppt wurde. Bis zu diesem Zeitpunkt war das Flugzeug noch praktisch unversehrt, doch bald begannen die üblichen Plünderer, Souvenirs systematisch auszubauen. Es waren durchaus umfangreiche Andenken; zu Anfang etwa der große Sternmotor und der Propeller. Angeblich gehörte zu den ersten Gegenständen, die außer dem Steuerknüppel, den Instrumenten und anderer Ausrüstung entfernt wurden, auch ein menschlicher Schädel. Wohlgemerkt, nicht der des Piloten, sondern einer, den dieser selbst als Glücksbringer mit sich führte. Ist das Wahrheit oder Legende?

Die Vought F4U Corsair war ein Tiefflügel-Eindecker, der von vorne das Profil einer Möwe hatte. Es wurden sechs Grundversionen mit 18-Zylinder-Zwillings-Sternmotoren und einer mit einer 28-Zylinder-Maschine gebaut, die in vier Sternen angeordnet war. Der Prototyp absolvierte 1940 seinen Jungfernflug. Anschließend wurde das Modell von 1942 bis 1953 in den USA gebaut, und mehr als 12 000 Stück liefen in den Produktionsstätten vom Band. Die Maschine war 10,16 Meter lang, hatte eine Flügelspannweite von 12,50 Meter, eine Operationshöhe von 11 000 Metern und eine Reichweite von etwa 1600 Kilometern. Obwohl sie normalerweise mit sechs 12,7-Millimeter-Browning-Maschinengewehren bewaffnet war, trug die Version, die vor Capo Comino liegt, vier 20-Millimeter-Kanonen. Unter den Flügeln konnte das Modell 1814 Kilogramm Bomben und Raketen tragen; zudem waren das Cockpit und die Treibstofftanks gepanzert.

Die Corsair war das beste Marine-Kampfflugzeug des Zweiten Weltkriegs und neben der Mustang vielleicht sogar das beste amerikanische Kampfflugzeug überhaupt.

A - Die Vought F4U war zweifellos das beste auf Trägern stationierte Kampfflugzeug des Zweiten Weltkriegs. Auf diesem Archivfoto sieht man deutlich, daß sich die Flügel der Corsair einklappen ließen.

B - Das Heck des Flugzeugwracks ist nicht mehr vorhanden. Man weiß nicht, ob es beim Aufschlag auf das Wasser abbrach oder sich vielleicht in einem Schleppnetz verfing, das die Maschine zu ihrer gegenwärtigen Position zog. Insgesamt wurden 12 681 Exemplare der Corsair gebaut, und das Modell wurde bis 1965 eingesetzt. Die Bilanz: Allein im Pazifik gingen 2140 Feindflugzeuge verloren, aber nur 189 Corsair.

C - Die Corsair von Capo Comino liegt auf sandigem Grund, der sich permanent verlagert. Auf diesem Bild liegen die Flügel frei, und die ganze Maschine ist sichtbar.

C

D

Während der 64 000 Einsätze, die die amerikanischen Kampfflugzeuge auf dem pazifischen Kriegsschauplatz flogen, schossen sie 2140 Feindmaschinen ab und verloren selbst nur 189 Flugzeuge.

Das Wrack von Capo Comino gehört zu den 94 Exemplaren der F4U-7, die die französische Luftwaffe gekauft hatten. Diese Maschinen wurden während der Indochina- und der Suezkrise 1956 eingesetzt und blieben bis 1964 im Dienst.

E

F

D - Obwohl sich ein ganzes Netz im Cockpit verwickelt hat, sieht man noch die Rohre und Kabel der Kontrollinstrumente. Der Treibstofftank befindet sich noch vor dem Cockpit.

E - Den einzigen Schwachpunkt der Corsair bildete vermutlich das Cockpit, dessen Anordnung das Sichtfeld des Piloten außerordentlich einschränkte.

F - Als der mittlere Abschnitt des linken Flügels aufgeschlitzt wurde, traten mehrere Rohre, Kabel und ein Geschütz zutage. Die Corsair war mit sechs Maschinengewehren oder, wie offenbar in diesem Fall, mit vier 20-Millimeter-Kanonen bewaffnet.

Der Tauchgang zum Wrack

Das Flugzeug liegt auf schneeweißem, sandigem Meeresgrund in einer Tiefe von sechs Metern. Es ist nicht leicht zu orten, aber wenn Sie das Gebiet erst erreicht haben, müssen Sie lediglich hin und herschwimmen, bis Sie es im flachen Wasser entdecken. Häufig sind eine Leine und eine Boje am Wrack befestigt.

Der Tauchgang gestaltet sich außerordentlich erfreulich: Obwohl das Wrack nur wenige Meter unter den Wellen auf dem Sandboden liegt, vergeht die Zeit wie im Fluge. Wenn Sie von vorn darauf stoßen, sieht die Maschine aus, als würde sie gleich zu Ihnen hochfliegen. Es ist schade, daß Motor und Propeller nicht mehr da sind. Der weiße Sand reflektiert das Licht sehr intensiv, so daß man auch die kleinsten Details des Flugzeugs genau erkennt. Im Cockpit findet man ein Gewirr von elektrischen Kabeln, Hebeln und anderen Instrumenten. Um den Sitz herum ist noch ein Stück Netz gewickelt. Die vier 20-Millimeter-Kanonen sind in den Flügeln noch deutlich zu erkennen, und auf dem linken Flügel sitzt eine Platte, die mit technischen Daten beschriftet ist. Das Heck ist beschädigt, die Seitenruder und Tragflächen fehlen. Auf dem Rumpf finden sich noch Spuren des blau-weißroten Hoheitszeichens der französischen Luftwaffe.

DIE KT VON OROSEI

von Egidio Trainito

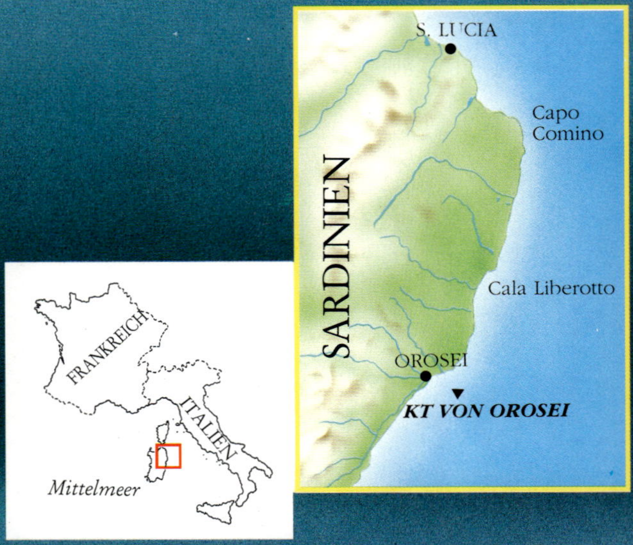

Bewertung:

Ortung: schwierig
Sicht: gut
Strömung: häufig stark
Schwierigkeit des Tauchgangs: hoch
Netze / Leinen: keine
Historisch interessant: ja
Fotografisch interessant: ja
Biologisch interessant: mäßig

Schiffstyp: Militärtransporter
Nationalität: Deutschland
Baujahr: unbekannt
Gewicht: unbekannt
Gesunken: 1943
Ursache: Torpedotreffer
Ort: vor der Küste von Osalla-Marina, Orosei (Sardinien)
Entfernung von der Küste: etwa 3,7 Kilometer
Minimale Tiefe: 20 Meter
Maximale Tiefe: 34 Meter

A

A - Dieses Archivbild zeigt die Safari, ein britisches Unterseeboot, das an der Ostküste Sardiniens im Jahre 1943 besonders aktiv war. Es war für die Versenkung der KT von Orosei und wenigstens drei weiterer Schiffe verantwortlich.

B - Die Runge, die entlang der Seiten der KT verlief, wird heute von verschiedenen benthischen Organismen vollständig zugedeckt.

C - An der Backbordseite sieht man noch die Davits der Rettungsboote. Im Hintergrund kann man die Heckaufbauten ausmachen.

Die deutschen Geleitzüge und Handelsschiffe, die die in Nordafrika stationierten Truppen versorgten, bewegten sich entlang der Ostküste Sardiniens. Die Reise war keineswegs ungefährlich, denn hier patrouillierten todbringende britische Unterseeboote, die, insbesondere gegen Ende des Krieges, auf ein landgestütztes Informationssystem zurückgreifen konnten. Mit dessen Hilfe gelang es ihnen, die Bewegungen der Konvois vorauszuberechnen und sie abzufangen. Das berühmteste dieser Unterseeboote, die Safari, war für mindestens vier Wracks der sardinischen Ostküste verantwortlich.

Die KT von Orosei wurde von der Safari 1943 abgefangen. Sie eröffnete das Feuer mit ihren Kanonen und Maschinengewehren und versuchte so, die Blockade zu durchbrechen. Verglichen mit den Torpedos, die das Unterseeboot abfeuerte, konnten sie nur wenig ausrichten. Das enorme Loch im Bug des Wracks zeugt von der Verwüstung, die der Torpedo anrichtete. Die Explosion riß die Schiffshülle auf und setzte das Schiff in Brand. Es sank sehr schnell; viele Mitglieder der Mannschaft kamen ums Leben, und die ganze Ladung sank auf den Grund. Der große Bugladeraum der KT birgt noch immer einige Fässer, in denen sich einst Treibstoff befand: Öl, Dieselöl und Benzin. Die älteren Einwohner von Orosei nennen das Wrack den „Benzintanker", denn nahezu alle Fässer, die nicht durch die Explosion beschädigt worden waren, hatte das Meer an den Strand gespült, oder man hatte sie geborgen und am Strand von Osalla vergraben. Zudem hatte der „Benzintanker" Motorräder, bewaffnete Autos, Lastwagen und Kräne an Bord sowie vermutlich medizinische Einrichtungen, Schuhe und was sonst noch für die Fronttruppen bestimmt war.

Auf dem Achterdeck des „Benzintankers" standen eine Kanone und Maschinengewehre. Es handelte sich bei diesem deutschen Schiff um eine KT, also ein Landefahrzeug mit flachem Boden, etwa 70 Meter lang und elf Meter breit.

Der Tauchgang zum Wrack

Das Wrack der KT liegt etwa zwei Meilen vom Hafen von Orosei entfernt und ist mit Hilfe von Landmarken nicht leicht zu orten. Auch die Echolot-Signale sind für den Unerfahrenen nur schwer zu deuten. In diesem Gebiet herrschen häufig starke Strömungen, so daß man eine Spur schnell wieder verlieren kann. Sobald Sie das Wrack geortet und den Tauchgang begonnen haben, werden Sie merken, daß sich alle Mühe gelohnt hat.

Es liegt aufrecht, 35 Meter tief, auf sandigem Grund, die höchsten Aufbauten etwa 20 Meter unter der Oberfläche. Die oberen Decks stehen teilweise noch aufrecht. Eine große Metallplatte, die einst einen

B

C

Aufbau auf dem Oberdeck bedeckte, ist auf den Meeresgrund gerutscht und mit ihr die Gestelle der Maschinengewehre. Weiter zum Heck hin weist die Kanone zur Oberfläche, und in der Nähe finden Sie das Ruder und einen stattlichen Anker. Das rundliche Heck wirkt sehr ausdrucksvoll, und die beiden Schrauben sind noch an Ort und Stelle. Sie erreichen den Maschinenraum über das Achterdeck, aber seien Sie vorsichtig: Hier hängt ein Gewirr von Schläuchen und Kabeln. Manometer und verschiedene

D

E

F

andere Meßinstrumente sind noch vorhanden. Viele Objekte liegen um das Wrack herum verstreut, und viele weitere wurden bereits von den üblichen „Sammlern" entfernt. Es bleibt trotzdem noch vieles zu entdecken. Während Sie die verschiedenen Aufbauten auf den Decks und die überall verstreuten Gegenstände betrachten, werden Sie häufig einen Schwarm von Gabelmakrelen um sich herum bemerken.

Entlang der Steuerbordseite liegen zwei große fahrbare Kräne auf dem Meeresgrund. Die Reifen sind noch aufgezogen. Daneben befindet sich ein bewaffnetes Fahrzeug mit dickem Panzerglas. Angesichts der Fülle der verstreuten Gegenstände sowie der Größe des Schiffes müssen Sie mehrere Tauchgänge unternehmen. Der Kabinenbereich ist noch unversehrt, aber leer. Sie können also hineinschwimmen und sich darin bewegen. Über den Kabinen befindet sich die Brücke. Sie weist zum Bug, der wie ein riesiger Abgrund wirkt. Entweder dringen Sie über die Deckluke auf das Deck oder über das Loch ein, das der Torpedo etwa auf der Höhe des Meeresbodens gerissen hat. Beim Betreten des Laderaums begegnen Sie einem Schwarm von Meerraben, die sich sofort in die unzugänglichen Bereiche zurückziehen. Noch immer liegen auf dem Boden Ölfässer. Wenn Sie über die Luke an Deck zurückkehren, befinden Sie sich gegenüber der Brücke. Aus diesem Blickwinkel wirkt sie unversehrt, als könnte das Schiff sogleich Fahrt aufnehmen. Wenn Sie entlang des Backbord-Decks zum Heck zurückkehren, sehen Sie die Davits der Rettungsboote.

D - Am Heck über dem Maschinenraum erheben sich zwei Schornsteine, deren zwei Luken mit Gittern bedeckt sind. Im Vordergrund erkennt man ein Flugabwehrgeschütz, das von seinem Gestell abgebrochen ist.

E - Die Kabinenaufbauten stehen noch, sind jedoch auf ein Gerüst von Balken und verformten, überwachsenen Paneelen reduziert. Das Innere ist vollständig leer und läßt sich daher mühelos besichtigen.

F - An dem aufgerissenen Boden des Laderaums befinden sich noch immer zahlreiche Fässer jenes Treibstoffs, der einst zur Ladung der KT gehörte und dem Schiff während des Krieges den Spitznamen „Der Benzintanker von Orosei" einbrachte.

ROMAGNA

von Egidio Trainito

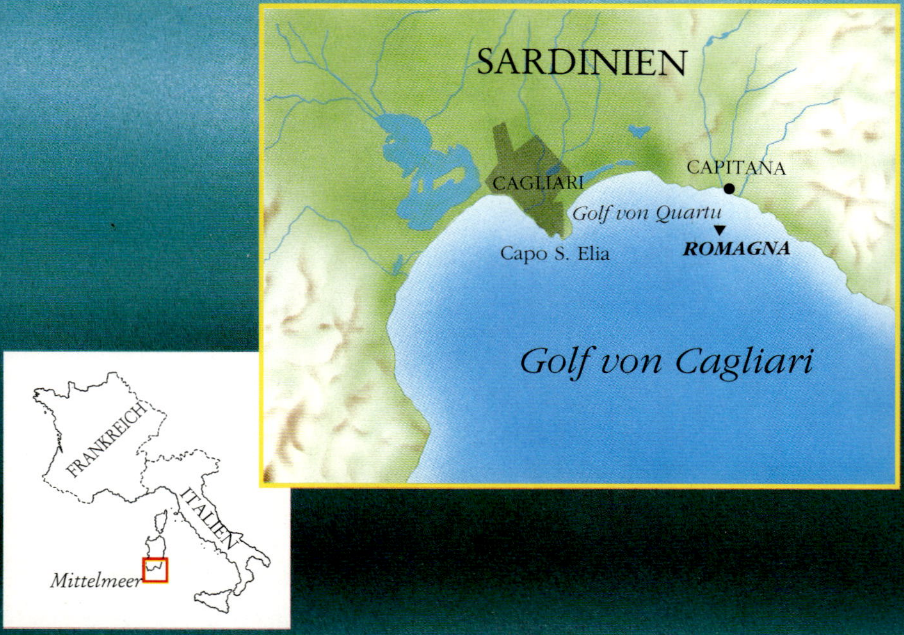

Bewertung:

Ortung: durchschnittlich schwer
Sicht: gut
Strömung: manchmal stark
Schwierigkeit des Tauchgangs: hoch
Netze / Leinen: ja
Historisch interessant: ja
Fotografisch interessant: mäßig
Biologisch interessant: mäßig

Schiffstyp: Tanker
Nationalität: Italien
Baujahr: 1899
Gewicht: 1416 Tonnen
Gesunken: 2.8.1943
Ursache: Seemine
Ort: etwa 2,8 Kilometer vor dem Hafen von Capitana
Entfernung von der Küste: etwa 5,5 Kilometer
Minimale Tiefe: 32 Meter
Maximale Tiefe: 43 Meter

ROMAGNA

Im Jahre 1943, dem Jahr des Waffenstillstands, häuften sich bei Sardinien die Luft- und Seekämpfe auf dramatische Weise. Davon war auch die Zivilbevölkerung vieler Städte dieser Insel betroffen.

Der Golf von Cagliari birgt die Wracks ganzer Geleitzüge, Frachter, Schlepper, kleinerer Schiffe und Flugzeuge, und sie alle zeigen Beschädigungen durch Minen und Torpedos.

Dies ist die Geschichte der Romagna, eines dieser Schiffe. Der schon 1899 gebaute 1416-Tonnen-Tanker wurde am 4. Oktober 1941 von der italienischen Marine bei Cagliari requiriert.

Es war der 2. August 1943. Der Tanker trug eine wertvolle Treibstoffladung für Cagliari. Sie war für die Militärfahrzeuge und insbesondere die Flugzeuge, die die Insel verteidigen sollten, von strategischer Bedeutung. Die Romagna wurde von sechs kleinen U-Bootjägern begleitet, und den Luftraum deckten jeweils zwei Macchi 202 und 205 des 51. Kampffliegergeschwaders. Die bei Prunas und Faldi im Golf von Cagliari stationierten Flugabwehrbatterien standen seit 7.53 Uhr unter Alarm und behielten das Schiff im Auge.

Als die Romagna um 8.07 Uhr nur wenige Meilen vor dem Hafen von Cagliari stand, lief sie mit dem Bug auf eine Mine, die kürzlich zusammen mit anderen im Rahmen einer Verteidigungsbarriere gelegt worden und vermutlich nicht auf ihrer Seekarte eingezeichnet war. Seit Beginn der militärischen Auseinandersetzungen hatte man im Golf von Cagliari und entlang der sardischen Küste mehr als 5000 Minen gelegt. Die Explosion riß den Schiffsbug ab, entzündete den Treibstoff und brachte das Schiff zum Stillstand. Dann geriet der Tanker außer Kontrolle.

Die Flugzeuge hatten eine Zeitlang nach möglichen Feind-U-Booten Ausschau gehalten und kehrten nun zur Basis zurück. Derweil näherten sich die Begleitschiffe in der Hoffnung, Überlebende der Romagna aufnehmen zu können. Sie wurden jedoch zum Abdrehen gezwungen, denn um 8.39 Uhr griffen einige amerikanische Curtiss P40- und P38-Lightning-Kampfflugzeuge an. Als der Luftalarm aufgehoben wurde, sichtete die Küstenbatterie von Faldi ein Boot unweit des Wracks, aus dem zwei Überlebende um Hilfe riefen. Man rettete sie kurz vor einem weiteren Luftangriff um 10.20 Uhr.

Unterdessen sank die Romagna, vom Feuer und dem explodierenden Treibstoff verwüstet, etwa einen Kilometer von der Stelle, an der sie auf die Mine gelaufen war. Etwas über einem Monat später unterzeichnete man den Waffenstillstand, und für Sardinien war der Krieg vorüber.

Der Tauchgang zum Wrack

Mit Hilfe des Loran-Systems finden Sie das richtige Gebiet, und mit dem Echolot orten Sie die genaue Lage des Wracks. Steigen Sie dann etwa 20 Meter an Ihrer Leine ab, bis der enorme Rumpf der Romagna plötzlich 15 Meter tiefer sichtbar wird. Das etwa 100 Meter lange Wrack liegt aufrecht auf dem Sand. Die

A

B

C

A - Der Rumpf der Romagna liegt auf sandigem Meeresgrund. In der Umgebung des Bugs kriechen Hunderte schwarzer Schlangensterne über den Sand. Sie sind auch tagsüber aktiv.

B - Das imponierende Heck der Romagna leuchtet plötzlich aus dem Blau heraus. Das Wrack liegt aufrecht, und mit dem Taucher als Vergleichsobjekt kann man sich seine Größe vorstellen.

C - Die große Schraube besitzt einen Durchmesser von etwa vier Metern, und das Ruder ist über sechs Meter hoch. Die Intensität des einfallenden Lichtes zeugt von der Tiefe: über 40 Meter.

D - Nahe der Bugreling ist das Deck mit Zubehör- und Wrackteilen übersät, die schwer zu identifizieren sind. Man erkennt den Umriß eines kleinen Krans, der vermutlich auf einer rotierenden Plattform montiert war.

höchsten Wrackteile erreichen Sie in einer Tiefe von ungefähr 32 Metern. Praktisch alle Deckaufbauten sind zusammengebrochen, auch die großen Masten und Schornsteine, so daß nur die unteren Teile der Kabinen übrig sind. Schwimmen Sie zum Heck weiter, wo die Platten unter Abertausenden von Leinen und Seilen umschlungen sind: Passen Sie gut auf, daß Sie sich nicht verfangen. Etwas weiter vom Rumpf entfernt nimmt der Eindruck der Größe noch zu. Steigen Sie am Heck auf den Meeresgrund weitere zehn Meter ab: Allein der Anblick der enormen Schraube und des Ruders lohnt den ganzen Tauchgang. Die Flügel sind über mannslang, das Ruder ist fünf oder sechs Meter hoch. Von unten bietet sich ein wirklich spektakulärer Anblick. Das Wrack ist in eine Wolke von Fahnenbarschen gehüllt, und der Sandboden wird von schwarzen Schlangensternen bedeckt. Auf dem Weg zurück zum Deck werden Sie Schwierigkeiten haben, den Ursprung der Metallteile und deren ursprüngliches Aussehen herauszufinden. Um ein brauchbares Gesamtbild des Wracks zu erhalten, werden noch weitere Tauchgänge nötig sein.

An einem Schott des Decks hängt noch ein stattlicher Anker, und weiter vorn stoßen Sie auf eine Badewanne. Man kann nur raten, was sie hier soll.

Die linke Flanke des Schiffes erscheint vorgewölbt: Vermutlich haben die Explosionen und die gewaltige Hitze die schweren Platten verformt. Die hohen Maston liegen heute auf dem Deck, und der Bugmast ist in den großen Spalt gestürzt, den die Mine verursacht hat. An der Backbordseite des Bugs zeugen die zerrissenen, verdrehten Platten an der Aufprallstelle von der Heftigkeit der Explosion. Dagegen scheint die Steuerbordseite sauber abgeschnitten zu sein. Vor dem Wrack liegen, teilweise im Sand vergraben, zahlreiche Objekte herum, die sich nur schwer deuten lassen. Ungewöhnlich viele schwarze Schlangensterne bedecken den Meeresboden. Der Bugabschnitt ist während des Tauchgangs nicht zu erreichen, er liegt zu weit vom übrigen Rumpf entfernt. Er ist jedoch nicht schwer zu finden. Man gewinnt den Eindruck, daß eine lange Spur von Wrackteilen und Bruchstücken versucht, eine Verbindung zwischen beiden Schiffsteilen zu erhalten.

Für den Bugabschnitt ist ein zweiter Tauchgang nötig, und es ist, als tauche man zu einem ganz anderen Wrack. Er liegt, 43 Meter tief, inmitten eines Schwarms roter Mönchsfische. Bestimmte Indizien bestätigen, daß es sich wirklich um den Bug der Romagna handelt: Auch hier ist die Backbordseite verformt, deren zerschmetterte Platten zeigen, wo die Mine auftraf. Möglicherweise wurde die Steuerbordseite mit einem Oxy-Azetylen-Brenner abgetrennt, und der Anker hängt noch an einer großen Kette, die aus einer Klüse herausschaut. Einige Meter weiter hat sich eine große Muräne zwischen den Platten angesiedelt.

Der kleine Abschnitt des erhalten gebliebenen Decks ist, ebenso wie beim Hauptteil der Romagna, mit Holz bedeckt. Es ist wie bei allen großen Schiffswracks: Bei jedem Besuch der Romagna werden Sie neue Einzelheiten entdecken.

D

E

F

E - Ein Schwarm von Fahnenbarschen umgibt das Heck der Romagna unweit der Poller. Sie ist vollständig mit Schwämmen, Algen und zahlreichen anderen Organismen überwachsen. Zahllose Leinen und Kabel, die Fischerbooten verlorengingen, hängen vom Schiff herunter, so daß jeder Taucher sehr vorsichtig vorgehen muß, um sich nicht darin zu verfangen.

F - Der Bug der Romagna wurde durch die Explosion einer Mine abgerissen und liegt heute etwa 800 Meter vom übrigen Rumpf entfernt. Die Kette mit dem großen Anker hängt von der Steuerbordseite herunter.

AMERIQUE

von Roberto Rinaldi

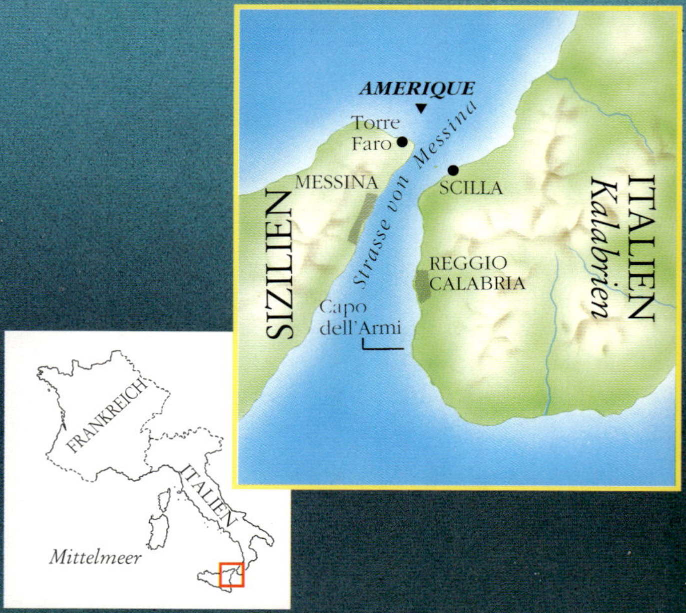

Bewertung:

Ortung: leicht
Sicht: normalerweise ausgezeichnet
Strömung: häufig stark
Schwierigkeit des Tauchgangs: hoch
Netze / Leinen: keine
Historisch interessant: mäßig
Fotografisch interessant: ja
Biologisch interessant: ja

Schiffstyp: Handelsschiff
Nationalität: Großbritannien
Baujahr: Anfang des 19. Jahrhunderts
Gewicht: unbekannt
Gesunken: vermutlich 1910
Ursache: unbekannt
Ort: unweit von Torre Faro
Entfernung von der Küste: etwa 150 Meter
Minimale Tiefe: 35 Meter
Maximale Tiefe: 68 Meter

N
35 m
68 m

AMERIQUE

Man weiß nur wenig über dieses elegante alte Schiff, das vor Torre Faro, an der äußersten Nordspitze der sizilianischen Seite der Straße von Messina, liegt. Die Geschichten, die kursierten, berichten von einem Schiff, das um die Jahrhundertwende bei Torre Faro strandete und dann von den Strömungen auf den Meeresboden gezogen wurde. Die gegenwärtige Lage des Schiffes scheint diese Theorie zu unterstützen, doch liefen beinahe alle Wracks der Straße von Messina zunächst auf Grund und glitten dann in die Tiefe. Es ist nur normal, daß der Kapitän eines in Seenot befindlichen Schiffes eine nahegelegene Sandküste anläuft. Eine Seekarte dieser Zeit zeigt einen Dampfer, dessen Bug unmittelbar vor dem Dorf Torre Faro aus dem Wasser ragt und gibt ihm den Namen Amerique. Das ist alles, was wir bisher über dieses Schiff herausfinden konnten. Jedenfalls ist es nach wie vor bestens für Entdeckungsreisen geeeignet, wenn auch nur für erfahrene Taucher.

Die Stelle ist relativ leicht zu finden: Sie tauchen von der Küste her und betreten das Wasser hinter einer Buhne unmittelbar vor der Trattoria „da Minico il pescatore" bei Torre Faro, unweit des hohen Pylons, der die Spitze Siziliens markiert. Doch seien Sie sehr vorsichtig!!! Die Strömungen dieser Gegend können unglaublich heftig sein. Sie müssen also unbedingt den Rat örtlicher Tauchexperten oder der Taucherzentren einholen, die Ihnen einen genauen Plan der Stillwasserzeiten geben können, wenn sich die Strömungen umkehren. Zwar können Sie diesen Zeitplan mit einer gewissen Genauigkeit auch aus den Gezeitentabellen errechnen, doch müssen Sie wissen, wie diese aufgrund der vielen Variablen, die an jedem Punkt der Straße anders ausfallen, zu deuten sind. Selbst nach sorgfältigem Studium der Tabellen könnten Sie leicht von einer unerwarteten Strömung ergriffen werden. Sie sollten dies immer bedenken, wenn Sie den Tauchgang planen und Ihre eigenen Fähigkeiten abschätzen, ehe Sie sich an eine so anspruchsvolle Aufgabe wagen.

Sie müssen direkt vor der Trattoria ins Wasser gehen und bis zur Spitze der Zementbuhne absteigen. Folgen Sie dem sandigen Hang, wie er für diese Straße typisch ist, und achten Sie auf eine leicht südliche Richtung. Ein tiefer Kanal, den die von dem großen Schiff abgefangene Strömung im Sediment gegraben hat, wird Ihnen helfen, das Wrack zu finden. Der erste Eindruck dieses großen Schiffes, das senkrecht auf

A

A - Eine alte Postkarte gibt den einzigen Hinweis auf den Namen des Wracks: Amerique.

B - In den klaren Gewässern der Straße von Messina verdeutlicht ein Taucher die Dimensionen des Bugs. Die Strömungen haben den Sand fortgetragen, so daß der Rumpf über dem Boden zu „schweben" scheint.

B

C

C - Es wäre extremer Leichtsinn, zu versuchen, das 68 Meter tief liegende Heck zu erreichen. Zudem herrschen in dieser Gegend außerordentlich starke Strömungen.

dem Meeresboden ruht, ist wirklich überwältigend: Der gigantische Bug ragt drohend über Ihnen auf, hoch über dem sandigen Meeresgrund, der durch die Strömung unablässig aufgewühlt wird. An dieser Stelle sind Sie etwa 40 Meter tief, während die Bugspitze nur wenig unter 30 Meter liegt. Ehe ich mit der Beschreibung des Schiffes fortfahre, möchte ich einige Tips für den Fall geben, daß Sie von der Strömung überrascht werden. Normalerweise strömt das Wasser parallel zur Küste, senkrecht zum Wrack. Der Rumpf bietet Ihnen einen außerordentlich nützlichen Schutz. Von hier können Sie bis zum Deck hochschwimmen und das Innere der Aufbauten erkunden, wobei Sie noch vor der Strömung geschützt bleiben. Folgen Sie am Ende des Tauchgangs beim Auftauchen immer dem Meeresboden, und versuchen Sie vor allem niemals, gegen die Strömung anzukämpfen. Diese würde Sie nur nördlich oder südlich von ihrem Einstiegspunkt treiben, zu dem Sie jedoch in einer Tiefe von etwa drei Metern zurückschwimmen können, sollte das Wasser - was wahrscheinlich ist - in dieser Tiefe ruhig sein. Falls die Strömung aber so nahe an der Küste zu stark sein sollte, könnten Sie immer noch zu Fuß auf der Straße zu Ihrem Ausgangspunkt zurückkehren. Es sei noch einmal darauf hingewiesen, daß Sie unter keinen Umständen versuchen sollten, gegen die Strömung zu schwimmen.

Kehren wir zur Steuerbordseite des Wracks zurück. Sie ist mit wunderschönen Gorgonien, Schwämmen und Myriaden anderer benthischer Organismen überwuchert, selbst am Bug in den geringsten Tiefen. Sie können Ihren Tauchgang so planen, daß Sie eine Tiefe von 50 Metern erreichen. Um die gleichen Dinge auf der Backbordseite zu sehen, müßten Sie sogar noch tiefer gehen. Nachdem Sie die Gorgonien im Foto festgehalten haben, sollten Sie zum Deck hochschwimmen. Die Aufbauten sind jedoch schlecht erhalten, und die großen Laderäume sind voller Sediment. Dagegen lohnt es sich, den zentralen Schiffsabschnitt aufzusuchen, in dem bestimmte Elemente noch immer zu erkennen sind. Allein der Anblick des Wracks von oben macht den Tauchgang lohnend. Wir möchten Ihnen aber empfehlen, nicht tiefer zu tauchen als bis zu den Resten der Kabinen, obwohl das Heck recht eindrucksvoll wirkt und von dichten Schwärmen schwarzer Mönchsfische umschwommen wird. Es liegt 68 Meter tief, was in so schwierigen Gewässern für Taucher wirklich zu tief ist. Von den Kabinen aus sollten Sie über dem Deck zum Bug hin schwimmen, bis Sie wieder auf die Rinne im Sand stoßen, der Sie zu den Dekompressionstiefen folgen. Sollten Sie von der Strömung erfaßt werden, suchen Sie Schutz hinter der Schiffsflanke und steigen entlang des Meeresbodens auf, ohne dabei der Strömung Widerstand zu leisten.

D

D - Im Mittelteil des Schiffes gibt es mehrere Kabinen, die jedoch, seitdem es auf dem Meeresboden liegt, erheblich gelitten haben. Der einzig interessante Gegenstand im Inneren ist eine alte Badewanne.

E

E - Näher am Bug befindet sich noch ein winziger Aufbau. Hier waren vermutlich Stauräume für Seile und andere Gegenstände untergebracht.

F

F - Das unglaublichste und spektakulärste Merkmal des Wracks der Amerique ist der dichte Bewuchs benthischer Organismen, der beide Seiten vollständig bedeckt.

LAURO C

von Roberto Rinaldi

Bewertung:

Ortung: durchschnittlich schwer
Sicht: gering
Strömung: manchmal
Schwierigkeit des Tauchgangs: durchschnittlich
Netze / Leinen: einige
Historisch interessant: mäßig
Fotografisch interessant: ja
Biologisch interessant: ja

Schiffstyp: Handelsschiff
Nationalität: Italien
Baujahr: unbekannt
Gewicht: unbekannt
Gesunken: 1941
Ursache: Torpedotreffer
Ort: ein Kilometer südlich des Capo dell'Armi
Entfernung von der Küste: etwa 100 Meter
Minimale Tiefe: etwa 27 Meter
Maximale Tiefe: etwa 57 Meter

N
27 m
57 m

LAURO C

Der ehemalige Marinetaucher Ferdinando Todaro kam im Jahre 1913 in Licata auf Sizilien zur Welt. Seit dem Sommer 1941 bewohnte er jedoch ein Haus in der Nähe des Capo dell'Armi an der kalabrischen Küste der Straße von Messina. Sein Schicksal war eng mit dem eines attraktiven Schiffes, der Lauro C, verknüpft, das im Zweiten Weltkrieg versenkt wurde. Die Abenteuer der Lauro und des ahnungslosen Tauchers begannen im späten Frühjahr des Jahres 1941 in Triest. Hier nahm das Schiff Munition auf, die für die an der afrikanischen Nordküste kämpfenden italienischen Truppen bestimmt war. Man füllte die Laderäume mit Sprengstoffen, Telefonkabeln, Fahrzeugteilen sowie großen Mengen von Wein, Bier und Parfüm - Artikeln, die bei den Wüstenkämpfern außerordentlich begehrt waren. Im Sommer lief die Lauro C von Triest aus, fuhr entlang der Adria und nahm dann einen westlichen Kurs mit der Absicht, die Straße von Messina zu durchfahren und sich dann einem Geleitzug nach Afrika anzuschließen. Leider war sie noch allein, als sie von einem britischen Unterseeboot entdeckt und - schon in Sichtweite ihres Ziels - am Eingang zur Straße torpediert wurde. Ein Matrose kam im Maschinenraum ums Leben, und das Ruder wurde durch die Explosion beschädigt. Nun fuhr die Lauro C hilflos im Kreis, bis es gelang, sie auf den Haken zu nehmen, und man setzte sie auf einem Kieselstrand, etwa eine halbe Meile vom Capo dell'Armi entfernt, auf Grund. Hier endete das Unglück des Schiffes jedoch nicht, denn man hatte es an einer Stelle gelandet, an dem sich ein Flüßchen ins Meer ergoß, und so wurde die Lauro unerbittlich zum Meeresgrund hingezogen. Gleich nach dem Angriff wurde Ferdinando Todaro benachrichtigt und mit der Bergung der Ladung beauftragt. Stolz zeigte uns Don Ferdinando sein Taucherhandbuch, das Lehrbuch der Varignano-Schule, die er 1933 absolviert hatte, und seine bleibeschwerten Lederstiefel. „Noch zwei Jahre lang schaute das Schiff mit seinem Bug aus dem Wasser, ehe es vollständig verschwand", erzählte er uns, „doch standen die Laderäume 1 und 2 bereits unter Wasser. Heute liegen sie im Sand, vollständig vom Sediment begraben, und außer den Erzählungen der Taucher weist nur noch ein Metallmast, der einige Meter herausragt, auf ihre Lage hin. Diese Laderäume enthielten die Chianti-Flaschen und Bierkisten." Vor jedem tiefen Tauchgang legte Don Ferdinando hier eine Pause ein, barg eine

A

A - Als wir Don Ferdinandos altes Fotoalbum durchblätterten, entdeckten wir eine Aufnahme des Bugs der Lauro C aus der Zeit, als er noch über die Wasseroberfläche hinausragte. Drei Jahre später versank auch dieser Abschnitt, und heute liegt er unter dem Sand des Meeresgrunds begraben.

B - Don Ferdinando im Alter von etwa dreißig Jahren. Hier posiert er vor einem Tauchgang neben seinen Assistenten.

C - Sehr stolz ist Don Ferdinando auf seine früheren Arbeitsgeräte: den Helm, die Bleistiefel, den wasserdichten Segeltuch-Anzug, die Arbeitserlaubnis und sein Taucherlehrbuch.

B

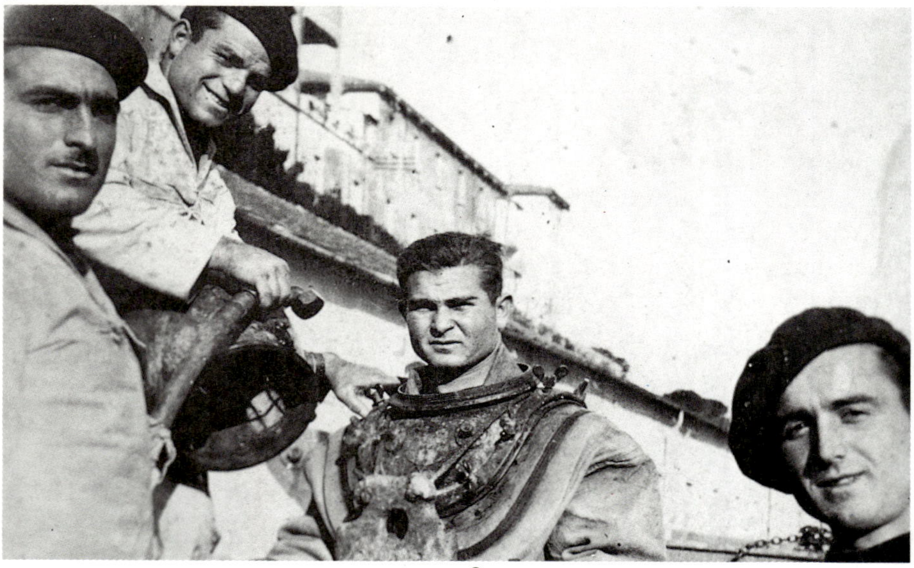

C

Kiste mit Wein oder Bier und sandte sie zu den Männern des Begleitbootes hinauf. Diese mußten mit den Schläuchen nicht nur seinen Bewegungen folgen, sondern waren auch für die Bedienung des handbetriebenen Kompressors verantwortlich: „Sie hätten mal sehen sollen, wie die nachher gepumpt haben.“ Wenn Sie entlang des sandigen Hanges über den Strand hinaus vordringen, stoßen Sie auf die ersten Teile, die aus dem Sand herausragen.
Den Maschinenraum können Sie über eine Dachluke betreten. Dieser relativ bequeme Zugang führt unmittelbar in einen geräumigen Bereich, innerhalb dessen Sie mit der Tarierweste soviel Auftrieb erzeugen sollten, daß Sie schweben. „Der Zugang zum Maschinenraum der Lauro C war für uns nicht leicht“, sagt Don Ferdinando, „es war schon ziemlich kompliziert, durch die halb offenen Luken einzudringen und dann - mit bleibeschwerten Schuhen und einem Kupferhelm - etwa zehn Meter durch offenes Wasser hinunterzuspringen ...“ Während seines Berichtes strich er mit noch immer sicherer Hand über den alten Helm. Dieser wurde über eine Bajonettfassung an einem metallenen Halsring festgemacht, der wiederum mit dem Taucheranzug zusammenhing, und wurde durch einen Hebel in Position gebracht. Einmal vergaßen die

D

E

F

D - Beim Abstieg passiert man die ersten vergrabenen Laderäume, und unter dem Sediment kann man die Aufbauten des Schiffes erahnen. Auf diesem Bild sind die Eingangsluken des Maschinenraums deutlich zu sehen.

E - Auf diesem Foto erkennt man die am tiefsten gelegenen Wrackteile, deren Besuch sich noch lohnt: Die Taucher schwimmen über dem Heck. Jenseits der Schiffsreling senkt sich der Meeresboden auf 57 Meter. So tief abzusteigen lohnt sich hier wirklich nicht.

F - Auf dem Deck der Lauro C befinden sich in der Nähe der Laderäume mehrere Winden. Vermutlich führten einmal Stahlkabel über einen Flaschenzug von den Winden zum Mast und in den Laderaum hinab, wo die Waren zum Löschen eingehakt wurden.

Männer, diesen Hebel einzurasten, und während Ferdinando zum Meeresgrund hinabtauchte, hatte er plötzlich den Helm verloren. Der Kopf war im Wasser, er konnte nichts sehen und natürlich keine Luft mehr aus dem Schlauch atmen, der an dem Helm festsaß und nun wer weiß wo endete. Und damit nicht genug, wurde seine Lage durch die Bleigewichte auf der Brust und an den Stiefeln noch erschwert. Instinktiv hielt er den Kopf nach unten, warf den Ballast ab, und die im Taucheranzug eingefangene Luft zog ihn zurück an die Oberfläche, wo er glücklich einer Kollision mit dem Begleitboot entging und an Bord gezogen wurde. „Zur Strafe weigerte ich mich einen ganzen Monat, weitere Flaschen nach oben zu bringen!"

Sobald Sie den Eingang hinter sich gelassen haben, finden Sie mehrere Kabinen, deren Türen zum Heck gerichtet sind. Mit einer gewissen Vorsicht kann man auch diese betreten. Vor dem ersten großen Laderaum befinden sich mehrere große Ankerwinden: An dieser Stelle liegt das Deck etwa 35 Meter tief. Ehe Sie in den wenigstens sieben oder acht Meter tiefer liegenden, mit feinem Schlamm gefüllten Laderaum hinabtauchen, empfiehlt sich noch einmal ein Blick auf den Druckmesser und den Tauchcomputer. Dieser Schlamm war auch für Don Ferdinando ein Problem, der schon nach wenigen Minuten Arbeit nichts mehr sehen konnte. „Aber ich kann sehr gut mit Sprengstoff umgehen: Ich brauchte nur zwei Ladungen an den Flanken des Schiffes, und die Strömung konnte das Sediment aus dem Schiff herausspülen." Ein Schott trennt den ersten Laderaum von dem zweiten, und jenseits davon sehen Sie den hohen Mast. Er diente vermutlich als Ladebaum. Heute ist er vollständig von Meeresorganismen bewachsen.

Zahlreiche Fische halten sich immer in der Nähe des Mastes auf, darunter auch große Exemplare. Auch Don Ferdinando bekam auf seinen

A

B

C

A - Zwei symmetrische Treppen - eine davon ist auf dem Foto zu sehen - führen zum Poopdeck.

B - Ein Taucher erkundet die Luken über dem Maschinenraum. Von hier aus kann man ins Innere eindringen. Der Zugang ist recht einfach, und solange man sich im Inneren befindet, bleibt der Ausgang immer in Sichtweite.

C - Der hohe Mast ist das Symbol dieses Wracks. Er ist mit Meeresorganismen bewachsen und ständig von einem Schwarm Fahnenbarsche umgeben. Zudem hat sich hier eine Kolonie gigantischer weißer Coelenteraten niedergelassen.

D - Dieses Foto zeigt eine Ankerwinde am Rand des Laderaums. Im Hintergrund erkennt man den Umriß des großen Mastes.

Tauchgängen viele Fische zu Gesicht: „Oft waren da sehr große Hammerhaie und andere Haiarten. Obwohl sie mich niemals belästigten, war ich sehr besorgt." Die Basis des Mastes liegt 42 Meter tief, und zwei weitere große Ankerwinden liegen der Öffnung einer anderen Ladeluke gegenüber. Beim Verlassen des Laderaums erreichen Sie das sehr fotogene Achterdeck. Es wäre theoretisch möglich, einige dieser Kabinen zu betreten, doch sollten Sie nicht vergessen, daß Sie sich 45 Meter tief befinden und noch ein langer Weg vor Ihnen liegt, ehe Sie die küstennahen Dekompressionstiefen erreichen.

D

E

G

F

E - Für einen mit Aqualungen ausgerüsteten, modernen Taucher ist es kein Problem, das Dachfenster zu erreichen und in den Maschinenraum abzusteigen. Den Tauchern früherer Zeiten ging es anders. Sie trugen kiloweise Blei am Anzug und riskierten beim Abwärtssprung immer, daß sich ihre Luftschläuche verfingen und das Schiffsinnere zu einer tödlichen Falle wurde.

F - Ein Taucher untersucht den letzten und tiefsten der Laderäume in einer Tiefe von etwa 50 Metern.

G - Deutlich zeigt dieses Foto die Stufen, die zum Poopdeck führen.

Seite 168:
Ein Taucher betrachtet einen der vier Motoren der B-17, die am 14. Februar 1944 vor Calvi versank. Die vier Motoren befinden sich noch an Ort und Stelle, während einige Propellerflügel bereits entfernt wurden.
Foto von Andrea Ghisotti

Fotonachweise:

Einführung: Abbildungen 5C; 6B; 7D, E; 8A; 10A; 11C, D, E,F; 12A, B von Kurt Amsler. Abbildungen 4A, B; 9C, E; 11G; 13D von Andrea Ghisotti. Abbildungen 1; 6A; 7C; 12C; 13E von Roberto Rinaldi. Abbildungen 9D; 10B von Egidio Trainito. - **San Domenico:** Abbildungen von Kurt Amsler. - **Die Junkers 88 von Le Frioul:** Schwarzweißbilder aus dem Archiv J.P Joncheray; Farbbilder von Kurt Amsler. - **Liban:** Schwarzweißbilder aus dem Archiv J.P Joncheray; Farbbilder von Kurt Amsler. - **Die Messerschmitt von Marseille:** Schwarzweißbilder aus dem Archiv J.P Joncheray; Farbbilder von Kurt Amsler, Seite 33C von Patrick Moulon. - **Chauen:** Schwarzweißbilder aus dem Archiv J.P Joncheray; Farbbilder von Luc Vanrell, Seite 38B von Kurt Amsler. - **Arroyo:** Schwarzweißbilder aus dem Archiv J.P Joncheray; Farbbilder von Kurt Amsler. - **Sagona:** Abbildungen von Kurt Amsler. - **Prosper Schiaffino:** Schwarzweißbilder aus dem Archiv J.P Joncheray; Farbbilder von Kurt Amsler. - **Tantine:** Abbildungen von Kurt Amsler. - **Die Wildcat von Le Lavandou:** Schwarzweißbilder aus dem Archiv J.P Joncheray; Farbbilder von Kurt Amsler. - **Togo:** Schwarzweißbilder aus dem Archiv J.P Joncheray; Farbbilder von Kurt Amsler. - **Rubis:** Schwarzweißbilder aus dem Archiv J.P Joncheray; Farbbilder von Kurt Amsler. - **Die Pinassen von Anthéor:** Schwarzweißbilder aus dem Archiv J.P Joncheray; Farbbilder von Kurt Amsler. - **Die B-17 von Calvi:** Schwarzweißbilder von Patrick Mouton; Farbbilder von Kurt Amsler. - **Die Vickers Viking von Mortoli:** Schwarzweißbilder aus der Quadrant Picture Library; Farbbilder von Kurt Amsler. - **Die Canadair von Sagone:** Abbildungen von Andrea Ghisotti. - **Mohawk Deer:** Abbildungen von Andrea Ghisotti. - **Genova:** Abbildungen von Andrea Ghisotti. - **Das Landefahrzeug von Sestri:** Abbildungen von Andrea Ghisotti. - **Das bewaffnete Handelsschiff von Sestri:** Abbildungen von Andrea Ghisotti. - **Der Lastkahn von Sestri:** Abbildungen von Andrea Ghisotti. - **Die Arado von Capraia:** Abbildungen von Andrea Ghisotti. - **Nasim II:** Abbildungen von Roberto Rinaldi. - **Anna Bianca:** Abbildungen von Roberto Rinaldi. - **Das Landefahrzeug von Ponza:** Abbildungen von Roberto Rinaldi. - **Santa Lucia:** Abbildungen von Roberto Rinaldi. - **Angelika:** Abbildungen von Andrea Ghisotti. - **Die Corsair von Capo Comino:** Schwarzweißbilder aus dem Royal Air Force Museum; Farbbilder von Egidio Trainito. - **Die KT von Orosei:** Schwarzweißbilder aus dem Royal Navy Submarine Museum; Farbbilder von Egidio Trainito. - **Romagna:** Abbildungen von Egidio Trainito. - **Amerique:** Abbildungen von Roberto Rinaldi. - **Lauro C:** Abbildungen von Roberto Rinaldi. - **Seite 168:** Abbildung von Andrea Ghisotti.